ENFOQUE A LA FAMILIA

CUESTIÓN DE
VIDA O MUERTE

AL RESCATE DE LAS VIDAS INOCENTES:

CASA POR CASA, MUJER POR MUJER

❧

JOHN ENSOR

Vida®

La misión de Editorial Vida es ser la compañía líder en comunicación cristiana que satisfaga las necesidades de las personas, con recursos cuyo contenido glorifique a Jesucristo y promueva principios bíblicos.

CUESTIÓN DE VIDA O MUERTE
Edición en español publicada por
Editorial Vida – 2009
Miami, Florida

Traducción: *Graciela Femat*
Edición: *Carolina Galán*
Diseño interior: *Eugenia Chinchilla*
Diseño de cubierta: *Base Creativa*

ISBN: 978-0-8297-5576-3

CATEGORÍA: Vida cristiana/Temas sociales

IMPRESO EN ESTADOS UNIDOS DE AMÉRICA
PRINTED IN THE UNITED STATES OF AMERICA

09 10 11 12 ❖ 6 5 4 3 2 1

Para Nathanael, Megán y Elliot,
hijos apreciados, quienes dan prueba de que
el aroma de la vida viene en tres fragancias
claramente deleitables

Contenido
———

/ PRÓLOGO /

Conforme leas este libro, descubrirás que John Ensor combina varias cualidades muy especiales: un corazón de pastor, la motivación de un activista, y la compasión del buen samaritano.

Debido a que previamente sirvió como pastor, John se identifica con las luchas que enfrenta el clero al abordar temas bíblicos delicados que en nuestra sociedad se han convertido en cuestiones sociales/morales.

Debido a que John se da cuenta de cuánto hay qué hacer para alcanzar a las mujeres asustadas y heridas que están enfrentando embarazos no planeados, él anima enérgicamente a los cristianos a que se involucren.

Debido a que ha visto el miedo y el dolor que experimentan estas mujeres (en su función actual como director ejecutivo de un grupo de centros de recursos para mujeres embarazadas), John aborda sus necesidades con amor que proviene de Dios, y con empatía.

¿Deseas pasar unos momentos con John, escuchando

su corazón mientras nos dirige hacia el corazón del Padre para hablar de los principios bíblicos importantes del valor de la vida de todos los humanos? Te prometo que nunca más serás igual.

DRA. JULIE A. PARTON
Gerente del Ministerio para la atención de embarazos en crisis
Enfoque a la Familia

—⚏—

UNO

EL AROMA
DE LA VIDA

En tiempos del rey David, unas cuantas personas proporcionaron un discernimiento tan sabio y una influencia tan audaz sobre su generación que llegaron a ser su testimonio perdurable.

Estos eran los hijos «de Isacar», y fueron descritos como «hombres expertos en el conocimiento de los tiempos, que sabían lo que Israel tenía que hacer» (1 Crónicas 12:32). Reconociendo que en todas las épocas hay una necesidad vital de personas como ellos, *Cuestión de vida o muerte* está diseñado para ayudar a los cristianos a tomar la iniciativa para influir en nuestra generación en un asunto de gran importancia: apreciar y defender la vida humana inocente.

Durante los últimos doce años me he dedicado a ayudar a la comunidad cristiana a comprender los tiempos que vivimos, específicamente en la encrucijada de la ética bíblica y de los conflictos culturales.

He sido invitado a **diferen**tes púlpitos para abordar el doloroso y delicado **asunto** del aborto, y todas y cada una de las veces **he tenido** la inquebrantable esperanza de moldear, de parte de la iglesia, una respuesta cristiana poderosa, incluso histórica que afirme la vida. Posiblemente fracase, pero no veo evidencia de que ningún otro grupo de personas sea capaz de llevar esta carga. A lo largo de la historia, y hasta este preciso momento, en **gran medida** ha sido solo la comunidad cristiana la que se ha preocupado lo suficiente como para oponerse con valentía y compasión al pagano «derecho» al aborto, al infanticidio y a la eutanasia.

En general, tanto los pastores como los laicos *entienden* que apreciar y defender la vida humana inocente es un mandato moral. Es la ley del amor. Entienden que un aborto es un acto de violencia que mata a un bebé y daña a cada una de las madres y a cada uno de los padres.

No obstante, con frecuencia es difícil decidir cómo entrar en acción y, dadas todas las demandas de nuestros tiempos, es fácil perder de vista la importancia de levantar la voz en favor de los no nacidos. Además, seamos sinceros: hay un prejuicio interno en contra de saber mucho sobre el aborto o decir demasiado sobre este.

Como asunto moral, ético y bíblico, la santidad de la vida humana es algo que mantenemos como una cuestión de creencias y del intelecto. Pero el silencio en nuestros púlpitos respecto al tema del aborto indica que como líderes pastorales, no estamos seguros de qué decir más allá de una condena fugaz. Y en cuanto a los laicos, el hecho de que «apreciar y defender la vida humana inocente» no sea un valor evidente que esté entretejido en la corriente principal de los ministerios de la iglesia refleja la misma timidez y ambivalencia.

El apóstol Pablo describe la función de la iglesia en el mundo como algo tan atrevidamente atractivo, con un perfume tan seductor, que somos precisamente el aroma de la vida misma (véase 2 Corintios 2:16). Para muchas personas que conozco, la situación del aborto es parecida a cuando tienes que lidiar con un olor repugnante que viene del sótano durante una celebración familiar. Algo está mal, pero ¿qué debe decirle uno al anfitrión? Los primeros intentos podrían ser algunas miradas hacia la puerta del sótano seguidas de unos cuchicheos en privado («¿Me imagino cosas, o aquí pasa algo?»). Después de un rato posiblemente nos acostumbremos a eso y nos olvidemos del asunto. Aun así, si amamos al anfitrión y nos importa la salud de la familia, buscamos maneras de tratarlo. Esta es la posición de muchos cristianos hoy en día; quieren apreciar y defender la vida humana inocente, pero quieren hacerlo con delicadeza y de manera racional. *Cuestión de vida o muerte* es para ellos.

La necesidad, por supuesto, no es solamente *informar* a la gente acerca del llamado divino a apreciar y defender la vida humana inocente, sino también *inspirar* al pueblo de Dios a la intervención salvadora-de-vidas y que-cambia-vidas a favor de los débiles y de los inocentes. En general, la comunidad cristiana es un pueblo afirma-vidas, y responderá con entusiasmo, si se le provee el escenario donde externar su preocupación por las madres necesitadas y sus bebés.

Por consiguiente, recomiendo que el llamado a apreciar y defender la vida humana inocente vaya siempre acompañado de una intervención directa con quienes tengan un embarazo conflictivo. Toda iglesia de Latinoamérica puede y debe asociarse con los centros de atención a embarazos en crisis de su localidad (también llamados centros de asistencia durante el embarazo o centros de recursos para mujeres embarazadas). Mientras que muchas otras áreas conflictivas que requieren una acción afirmadora-de-vida piden nuestra atención a gritos, esta debe ser la primera de la lista.

Hay dos razones por las que sugiero esto. Primero, todos los abortos son locales; les acontecen a las mujeres una a una. Esta noche, *en nuestro barrio*, algunas madres asustadas, que planean abortar a sus bebés mañana, están agonizando en sus casas. Segundo, el gran mandamiento nos pide amar a nuestro prójimo. Una mujer con un embarazo no planeado está verdaderamente asustada y siente que su misma vida está terminando —no físicamente, pero sí emocional y espiritualmente—; su vida, tal y como ella la proyectó, parece estar amenazada. Extraños y perversos como su finalidad, los partidarios del aborto parlotean el mismo mensaje que Cristo les ofrece a quienes están en dificultades: «Vengan a mí todos ustedes que están cansados y agobiados, y yo les daré descanso. Car-

guen con mi yugo…» (Mateo 11:28-29). Los partidarios del aborto prometen liberación, pero el «descanso» que ellos proveen es la muerte misma.

Como comunidad cristiana, nosotros tenemos una
obligación especial de refutar la falsa misericordia
de la industria del aborto, especial y básicamente en
nuestros barrios. Nosotros conocemos al *verdadero*
Rescatador, al *verdadero* Salvador, al que otorga vida,
y la nutre, al que es eminentemente digno de confianza para darnos el pan de cada día, así como el perdón
de pecados. Nosotros, en su nombre, deberíamos estar
anunciando a los cuatro vientos en todos los barrios
de la tierra: «Vengan a mí todos ustedes que están
cansados y agobiados (por un embarazo no planeado).
Carguen con mi yugo (el camino, la verdad, y la vida
que he encontrado en Cristo), y aprendan de mí, pues
nuestro Dios es apacible y humilde de corazón (no es
severo ni condena), y encontrarán descanso para su
alma (yo les mostraré el mejor camino y ustedes se
deleitarán en él). Porque su yugo es suave y su carga
es liviana».

En la práctica, la mejor manera de hacer esta mag-
nífica invitación a las mujeres vulnerables al aborto de
nuestro barrio, es asociándonos en nuestra localidad
con los centros de atención a embarazos en crisis. Día
tras día, sin fanfarrias o sin muchos fondos, estos proporcionan a las madres con embarazos conflictivos el
apoyo que necesitan para prepararse para ser madres
o para la adopción. Hay más de 3000 centros de este
tipo en Estados Unidos, y se están abriendo nuevos

centros internacionalmente. La mayoría de estos centros están organizados como ministerios cristianos. Con un poquito más de ayuda, podrían alcanzar a muchas más mujeres. El Dr. James Dobson, presidente de *Focus on the Family* [Enfoque a la familia] ha instado a las iglesias y a los cristianos a asociarse con sus centros locales.

Debido al valor de esos bebitos, considero que el aborto es el mal moral más grande de nuestros tiempos. Al final del año un centro de atención a embarazos en crisis puede mostrar a un bebé, nacido el 12 de enero, a una bebé, nacida el 22 de febrero, como seres humanos vivos, reales, a quienes se les permitió vivir y ser traídos al mundo para dar amor y recibirlo, simplemente porque esas organizaciones existen. Los centros de atención a embarazos en crisis sirven a la comunidad al servir a las madres que están a punto de ser atrapadas en la etapa más traumática de su vida.[1]

Como fundador de cinco centros de este tipo, puedo asegurarte que esto es cierto. Aun más, las iglesias que han roto el silencio y han puesto el amor al prójimo en acción han vuelto a descubrir la antigua verdad indiscutible: «Hay gozo al servir a Jesús».

/ DOS /

LA GRAN PRUEBA Y LA GRAN LABOR

—⁓—

La legalidad del aborto, ampliamente aceptada en nuestra cultura, representa la gran prueba ante la actual generación de cristianos. ¿Consideraremos preciosas cada una de las vidas, como lo han hecho las generaciones de antes, y apreciaremos y defenderemos vida humana inocente con valentía y resolución? ¿O nos deslizaremos en una caída libre junto con la moral del postmodernismo? El Papa Juan Pablo II llamó a esto una gran lucha entre el «evangelio de la vida» y la «cultura de la muerte».[1] D. James Kennedy, pastor principal de la Iglesia Presbiteriana Coral Ridge de Fort Lauderdale, Florida, dijo: «El aborto se ha convertido en *el* tema delicado de este país, pues si pierdes la vida, lo pierdes todo. Si los cristianos no ganamos respecto a este tema, no ganaremos en ningún otro».[2]

Es posible que incluso no estés de acuerdo. Lo que sí se presenta como evidente en sí es que, mientras a lo largo de los años nos han advertido muchos, *el aborto ha conducido al deterioro general de la vida humana.* El suicidio asistido, la clonación, las investigaciones sobre las células madre embrionarias, cada uno de estos temas espinosos van acompañados de la presión de científicos y estrellas de cine que anuncian a los cuatro vientos sus beneficios utópicos.

Peter Singer, el catedrático DeCamp de bioética del Centro Princeton para los *Valores Humanos* (itálicas añadidas), aboga por extender los supuestos derechos al aborto, para incluir a los recién nacidos, de modo que se pueda permitir que los padres maten a sus bebés hasta que se considere que el niño sea una persona «con juicio», o que tenga conciencia de sí mismo.[3] Aunque todavía no es una idea convencional, el infanticidio está aumentando dramáticamente.

«Joven de 16 años refirió haber
sofocado a un bebé»
«Adolescente acusada de matar a su
bebé durante baile de graduación»
«Cuerpo de bebé hallado en fosa»

Estos son titulares de periódicos, y son reales. De acuerdo con las estadísticas del Departamento de Justicia de los EE.UU., el índice de infanticidio se ha duplicado en los Estados Unidos desde que se legalizó el aborto.[4]

¿Y qué hay del comportamiento perjudicial contra los niños, que casi los mata? Las estadísticas de la *American Humane Association* [Asociación Humana de los Estados Unidos] y el comité *National Commitee for the Prevention of Child Abuse* [Comité Nacional para la Prevención del Maltrato infantil] confirman que el maltrato a niños y la negligencia han aumentado cuatro veces desde la legalización del aborto.[5]

La ética utilitaria, la noción de que algunas vidas pueden ser destruidas para mejorar la vida de los demás, son extremadamente atractivas para nuestra naturaleza narcisista, manchada de pecado. Combatir esto requiere que los cristianos, afianzados por la claridad moral y por la valentía del mismo Hijo de Dios, levanten la voz por «los que no tienen voz» (Proverbios 31:8). Además, se necesita un ejército de «abejas obreras» que alcancen y ayuden a aquellas mujeres de su barrio que estén enfrentando un embarazo conflictivo. Los defensores del aborto están contando con nuestro silencio e inactividad. Un clero intimidado y una comunidad cristiana distraída son los prerrequisitos para la deconstrucción del ideal estadounidense nacional que establece que todos los hombres son creados por Dios y que poseen un derecho inalienable a «la vida, a la libertad y a la búsqueda de la felicidad» (y en ese orden).

Por consiguiente, el aborto legalizado es la gran prueba para esta generación de cristianos. Nuestra gran tarea es apreciar y defender la vida humana inocente. Cómo hacerlo es cuestión de obedecer el Gran Mandamiento, la ley del amor.

La ley del amor:
¿qué les toca hacer a los cristianos?

La ley del amor nos enseña a amar a nuestro prójimo como a nosotros mismos. La parábola del buen samaritano ilustra que la ley es un poder que se puede llevar a la práctica, en el lugar donde uno se encuentra, para transformar una situación mortal en una circunstancia salvadora-de-vidas que exalta a Dios. La Regla de Oro de Mateo 7:12 es la ley del amor planteada de otra manera. Nosotros hemos de responder a las necesidades de los demás, en la medida que esperaríamos que los demás respondieran a nuestras propias necesidades. Esta es la ley del amor. El corazón humano, cuando es enriquecido por el amor divino, crea una dinámica de esfuerzo humano y una creatividad aprecia-vidas, salvadora-de-vidas, cambia-vidas.

Por ejemplo, una joven de dieciséis años, con voz dulce, llamó a la oficina que ayuda a mujeres con embarazos conflictivos. Después de haber contado su historia en unos cuantos minutos, dijo: «Si no consigo abortar, me voy a matar». Después de una pausa prolongada, murmuró: «Y sé que me voy a matar después de someterme al aborto». En ese momento volví a comprender la angustia de un embarazo no planeado. Me di cuenta del poder multidimensional de la muerte que desata el aborto. Un bebé destruido, la fragmentación del sentido de identidad de una joven, la descomunal conmoción de los padres por el embarazo de su adolescente; pero, ¿qué dirían de su suicidio?[6]

Esta adolescente es mi prójimo. ¿Qué significa para mí amarla como a mi prójimo? ¿Qué es lo que se debe hacer como cristiano? *Tú*, ¿qué me pedirías que dijera e hiciera por ella que creas que honre a Dios, y que te hiciera sentir orgulloso del testimonio cristiano presentado a ella por medio de mis palabras y acciones? Si yo no estuviera seguro de qué hacer, ¿a ti qué te impulsaría la ley del amor a decir y hacer para ayudarme a ayudarla?

Considera otro ejemplo real. Una pareja vino a verme acompañada de nueve de sus diez hijos. La madre tenía quince semanas de embarazo. Eran inmigrantes camboyanos, y el esposo hablaba con un inglés imperfecto: «Me despidieron de mi trabajo, y ¡tengo nueve hijos que alimentar! ¡Mi esposa necesita que le practiquen un aborto! No puedo darme el lujo de tener otro hijo». Su esposa estaba sentada en silencio. La expresión de su rostro enviaba señales de que estaba resignada a ayudar a su esposo, pero estaba claramente estremecida por el pensamiento de hacer algo contrario a la experiencia de toda su vida y a su naturaleza maternal.

¿Qué requiere de mí la ley del amor en esta situación? ¿Qué debería decirle a esta pareja? Si te dijera que los despedí con mis buenos deseos, ¿estarías satisfecho conmigo? Probablemente no. Indudablemente hace falta oración, pero la sola oración no es *todo* lo que el amor es capaz de lograr en esta situación.

Una estudiante de postgrado vino a verme; uno de sus profesores la había dejado embarazada. Ella estaba terminando su doctorado y preparándose para lanzarse a ejercer su profesión. Esto le había tomado años de trabajo, y sus padres habían pagado varios miles de dólares por las colegiaturas de todos esos años. Ahora un bebé amenazaba todos sus planes y esperanzas. Necesitaba un aborto porque este bebé amenazaba su misma vida —no tanto físicamente, sino la vida que había previsto para ella—, y por la que, para alcanzarla, había trabajado tan arduamente. Este bebé estaba *matando* sus anhelos y sus metas. En este sentido, su aborto era un acto de *auto*-preservación.

El papá del bebé se presentó con ella para asegurarse de que ella no renunciara a «las cosas que *nosotros* hablamos, y a lo que *nosotros* habíamos decidido hacer». En privado, ella me confesó que a pesar de su situación, estaba ambivalente respecto a abortar a su bebé. Seguía adelante con la idea del aborto para complacer al padre y a sus padres y a sus amigos; todos ellos le aconsejaban que ese «no era el momento de tener un bebé». El problema era que ella había entendido que en realidad ya *tenía* un bebé. La elección recaía ahora entre sustentar o destruir a su bebé. Después de una breve conversación, comenzó a desistir del pensamiento del aborto.

En un período de tres meses, las hijas de tres pastores de la localidad vinieron a nuestra oficina. Estaban avergonzadas, extremadamente asustadas, de alguna manera desafiantes, y en un caso concreto, dolida y enojada porque su padre la acababa de echar de su casa. Una mujer vino tan asustada, que se autodeno-

minó a sí misma «X» porque tenía un puesto importante en una universidad cristiana de la localidad. Me
dijo: «He perdido mi salvación; sé lo que Dios piensa
del aborto». Ella estaba a punto de abortar su *fe* así
como a su bebé.

Otra pareja vino a verme; tenían antecedentes de
drogas y alcoholismo. Él no sabía leer, y ninguno de
los dos tenía trabajo. Me dijeron que llevaban diez
años viviendo juntos. Les pregunté si estaban casados
y me dijeron que sí. No obstante, me explicaron ¡que
estaban casados con alguien más! Y ahora un bebé ve-
nía en camino. Traté de ocultar mi conmoción. Moví
la cabeza, pensando: *Señor, ¿por dónde empiezo?*

En todos estos casos, yo me hice una pregunta: ¿qué
requiere de mí el amor al prójimo? Al final de la parábola del buen samaritano Jesús dijo: «Anda entonces
y haz tú lo mismo». ¿Tengo la clase de compasión que
se necesita para permitir que mis planes sean pospues-
tos con el fin de evitar la muerte de un ser humano
como yo: mi prójimo? ¿Qué intervención práctica me
obligan Cristo y su ley de amor a proveer a aquellos
que son abandonados para morir? Si yo necesitara
ayuda para hacerlo, ¿qué exige de ti el amor?

/ TRES /

CONOZCAMOS LOS TIEMPOS QUE VIVIMOS

—⁓—

Fracasar en entender lo que es el aborto y en aquilatar su poder de destrucción inmediata, penetrante, incluso eterna, es malinterpretar los tiempos que vivimos. Estados Unidos es una cultura de post-aborto. Desde 1973, cuando el Tribunal Supremo hizo a un lado todas las restricciones del aborto determinadas por el estado, los estadounidenses han destruido deliberadamente dentro del útero a más de 40 millones de seres humanos (cálculo moderado).[1]

En la actualidad, una mujer tendría que tener setenta y cinco años o más, para haber vivido sus años de fertilidad *sin* que el aborto haya sido legal y fácilmente accesible en toda la nación. Para todas las mujeres de menos edad… las más jóvenes, el derecho al aborto es lo único que conocen. Es la piedra angular de la modernidad, en la cual la «elección» y la «libertad» significan la autonomía absoluta de Dios y de sus leyes. A estas alturas, la mayoría de las familias de Estados Unidos han sido directamente afectadas por el aborto. De acuerdo con los *Centers for Disease Control and Prevention* [Centros de Control y Prevención de Enfermedades], el 43% de las mujeres estadounidenses se habrán sometido a por lo menos un aborto cuando tengan 45 años de edad.[2]

En consecuencia, el aborto está destruyendo la salud y el bienestar de las mujeres. El Dr. David Reardon, uno de los principales investigadores de la nación que indagan sobre los efectos del aborto reporta lo siguiente: «La mitad de las mujeres que abortan experimentan ciertas complicaciones físicas, inmediatas o a largo plazo, y casi todas padecen una post-conmoción emocional o psicológica. Entre las mujeres de nuestra familia y de nuestras amistades, compañeras de trabajo y miembros de la iglesia, el aborto está llevándolas a contraer una gran cantidad de infecciones y de cáncer, al mismo tiempo que la culpa les roe el alma».[4]

El aborto destruye la intimidad. Las parejas que enfrentan un embarazo conflictivo, una vez que comparten sus sentimientos antes de someterse a un aborto respecto a por qué un bebé no es lo que más les interesa, rara vez hablan de esto posteriormente. La mayoría de las parejas terminan su relación después de un aborto. Para aquellos que logran superarlo, el aborto siembra en el matrimonio semillas de ira, amargura, vergüenza y culpa. La intimidad física está manchada de culpa por la sangre derramada. La belleza y el misterio de las relaciones sexuales llegan al «punto cero» en una espantosa batalla contra la gracia procreadora de Dios.

El aborto destruye la esencia de la feminidad. Todas las mujeres son «Eva» (en hebreo significa «madre de todos los vivientes»), poseedoras de la habilidad potencial de dar a luz. Una madre que abortó tres veces me dijo: «John, nunca, nunca olvides que una mujer está vinculada a su hijo por un cordón umbilical que no solo es físico, sino emocional, psicológico, y aun espiritual. Cuando asesinamos a nuestros propios bebés, *nosotras* también morimos».

El aborto también destruye la masculinidad. En la esencia de lo que significa ser hombre y no mujer hay un sentido de liderazgo al ser proveedor y protector de mujeres y niños. El aborto aborta este sentido de responsabilidad, y debilita la auto-imagen de un hombre como proveedor y protector. Se destruye el espíritu de caballerosidad que siempre actúa en los hombres para el honor de las mujeres. Este es reemplazado por el espíritu depredador que ve a las mujeres como «meras iguales» para competir con ellas, subyugarlas y conquistarlas.

El aborto aborta tanto la verdad como la razón. Nosotros racionalizamos que el aborto en realidad no puede ser un homicidio, porque esto haría que nosotros, o las personas a las que amamos y que han sucumbido ante él, fuéramos culpables de homicidio. Nosotros nos vemos a nosotros mismos como personas amorosas y solidarias. *Nunca* lastimaríamos a un niño inocente. De hecho, proyectamos una auto-imagen que cree que correríamos el riesgo de ser heridos para salvar la vida de los niños. Toda la gente que conozco cree que él o ella es el tipo de persona que, si un hombre acuchillara a un niño, gritaría con rabia que eso es un homicidio. Por consiguiente, el aborto simplemente no puede involucrar el asesinato de un ser humano. Nuestra auto-imagen lo descarta.

Por esta razón, tomó cientos de años y una guerra civil enfrentar lo que ahora está claro para todo el mundo. Las personas que defendieron la esclavitud se consideraban personas buenas que nunca lastimarían o abusarían de otra *persona*. Por consiguiente, sus esclavos seguramente no eran *personas,* o al menos no «completas» como *ellas*. Reconocer la verdad del aborto, al igual que la verdad de la esclavitud, es doloroso. Pero será aun más doloroso si dentro de cien años, cuando la gente mire atrás y vea la inhumanidad del aborto en la misma forma en que nosotros hoy al mirar atrás y al ver la inhumanidad de la esclavitud (y dentro de nuestra pena nos preguntamos cómo pudo llegar a existir una ceguera moral y una injusticia civil de este tipo), encuentre que la iglesia no tomó la *delantera* en el movimiento de la abolición que con seguridad se irá fortaleciendo con cada generación por venir.

Abortos en la iglesia

Parte de la razón por la cual apreciar y defender la vida humana inocente hoy en día no es una parte dominante, vibrante, consciente y organizada de la misión de la iglesia se debe a nuestra propia culpa en el asunto, ya que hemos abortado a nuestros propios bebés.

Uno de cada seis abortos se practican en mujeres que se identifican como cristianas «nacidas de nuevo».[5] Con aproximadamente 1,5 millones de mujeres que se someten a un aborto cada año, esto equivale a que anualmente abortan 250.000 cristianas con orientación evangélica. En otro estudio, el 31% de las mujeres en la etapa post aborto se identificaron como católicas.[6] Sin duda, la industria del aborto no podría sobrevivir financieramente sin la clientela que proviene de la iglesia, y les reitera ganancias. Desde 1973, las cristianas han cometido homicidios 5,6 millones de veces. Cada 20 segundos se mata a un bebé, y cada minuto y medio una cristiana «nacida de nuevo» incrementa la cuenta de víctimas fatales.

En 1989 me conmocionó descubrir que por lo menos el 30% de las mujeres de mi propia congregación habían abortado. Me refiero a ese día de descubrimiento, cuando por primera vez vimos la dolorosa verdad del aborto, como «el día en el que Dios desató la polémica que había que resolver».

Antes de ese día, para la gente era común y aceptable confesar haberse involucrado en drogas, alcohol, promiscuidad o cualquier otro pecado común en la ciudad de Boston. Pero no se había mencionado jamás una sola palabra sobre el aborto. Era el pecado innombrable entre nosotros. El secreto, la vergüenza, el miedo a que quedara descubierto, todo se conjuntaba para chantajearnos y dejarnos en silencio y para dejar a la iglesia paralizada e inactiva. ¿Cómo podríamos prestar nosotros atención al llamado bíblico de apreciar y defender vida humana inocente cuando teníamos sangre en nuestras propias manos?

Después de haber roto el silencio, las mujeres me dijeron que durante años, aun siendo cristianas «nacidas de nuevo» pensaban: *¿Qué pensarían todos de mí si alguna vez supieran que aborté a uno de mis bebés? ¿Qué pensarían de mí si supieran que aborté a tres de mis bebés?* Los hombres reflejaban el mismo temor y vergüenza. *¿Qué pensaría la gente si supiera que pagué dinero para hacer que destruyeran a mi propio hijo?*

Apreciar y defender la vida inocente requiere que enfrentemos la verdad sobre el aborto. Es doloroso enfrentar esta verdad, pero la ley del amor lo exige. Como dijo Plutarco, escritor del siglo I: «Para que la medicina produzca salud tiene que examinar la enfermedad; y la música, para crear armonía, debe investigar la disonancia». Un buen médico no deja la lanza donde está para evitar el dolor del paciente. Tampoco los buenos médicos del alma humana pueden excusarse de examinar la enfermedad y la discordia que ahora se enconan en el 40% de las personas de su propia iglesia. Esto es una negligencia espiritual.

Nosotros debemos desatar la polémica, y resolver esta culpa si hemos de producir verdadera salud y vida. Resulta doloroso y difícil, pero también es purificador. Y es nuestra obligación. El error más grande que estamos cometiendo en nuestras iglesias de la localidad hoy en día respecto al aborto es percibir correctamente su poder destructivo, y después seguir guardando silencio para evitar el dolor de la gente. Algunas lágrimas son medicinales. Este es un caso, te lo aseguro, en el que la tristeza que proviene de Dios es purificadora. Haz la incisión y podrás decir con el apóstol Pablo: «Fíjense lo que ha producido en ustedes esta tristeza que proviene de Dios: ¡qué empeño, qué afán por disculparse, qué indignación, qué temor, qué anhelo, qué preocupación, *qué disposición para ver que se haga justicia*!» (2 Corintios 7:11, itálicas añadidas).

¡Imagina a toda la iglesia *con disposición para ver que se haga justicia*! ¡Qué recursos fluirían por las brechas para reforzar los fundamentos de la familia y del barrio, a medida que la tristeza que proviene de Dios produjera empeño y afán, temor y preocupación! ¡Qué empresarios y qué capitalistas virtuosos surgirían! ¡Las personas a quienes se les ha perdonado mucho, aman mucho! Y esta es la promesa del evangelio. Si nos aflige lo que en el presente mancha nuestras conciencias y paraliza nuestra vida en Cristo, entonces como dice Hebreos 9:14, ¡Cristo «purificará nuestra conciencia de las obras que conducen a la muerte, a fin de que sirvamos al Dios viviente»!

Una de las primeras cosas que yo tenía que hacer como pastor al hacer el llamado al cuerpo de mi iglesia para que apreciara y defendiera la vida humana inocente fue recordarles lo que *es* el evangelio y por qué se le llama las «buenas noticias que serán motivo de mucha alegría» (Lucas 2:10). Tuve que recordarles a mis amigos más queridos que a Cristo se le dio el nombre de Jesús porque «él salvará a su pueblo de sus pecados» (Mateo 1:21). Tuve que empezar con algunos de mis propios ancianos.

Tom y Jane

Tom era (y es) un hombre de gran pasión y compasión. Era un anciano sólido. Cuando se enteró de que íbamos a abordar el tema del aborto, de manera extraña empezó a actuar cada vez con más cautela y nerviosismo. Yo no captaba a qué se debería esto. Al principio pensé que podría ser una preocupación general de que el aborto es cuestión «política» más que una legítima cuestión moral que proviene justo de los diez mandamientos.

Cuando después del culto lo vi sentado con su esposa, Jane, y la vi a ella llorando, y a él sentado absolutamente congelado, incapaz de ofrecerle consuelo alguno, la escena se volvió más clara. Me senté con ambos y escuché. Ella lloró y con lágrimas contó su historia con voz entrecortada.

Antes de que se casaran y antes de que tuvieran fe en Cristo, vivieron juntos durante la era de «sexo, drogas y rock'n'roll» —la loca era de los 70s—, y ya hacía varios años que habían salido de eso. Cristo había cambiado sus vidas. Su testimonio y amor por la gente era una de las principales razones por las que nuestra iglesia era un refugio para otros que luchaban con varias adicciones. Pero nunca habían enfrentado la verdad acerca del aborto, hasta ese día.

«He estado demasiado enojada con Tom todos estos años por haberme llevado a esa clínica de abortos», confesó Jane. «Ninguna otra cosa sembró tanta amargura en nuestro matrimonio». No es que Jane estuviera echándole toda la culpa a Tom. Ella había muerto cien veces en su propio corazón por este asunto. Lo que pasa es que una mujer siempre espera que en una situación así, ¡su amante sea viril! La esperanza es que él la proteja, en lugar de exponerla a una solución tan perversa como esa. Tom, en lugar de decir: «Cariño, te amo. Yo proveeré para nuestro bebé. Yo me encargaré de eso», le ofreció acompañarla a ver a un partidario del aborto, y pagarlo. Tom lloró amargamente. «Es culpa mía. Por favor, perdóname». Fueron momentos dolorosos.

Continué escuchando todas y cada una de las historias de los hombres y mujeres de mi iglesia que personalmente habían estado involucrados en un aborto, y estaban dispuestos a contármelo. Ellos me enseñaron «los tiempos que vivimos», y estos nos señalaron una respuesta cristiana.

Tom y Jane tomaron la delantera. En varias ocasiones Tom habló abiertamente de su propia participación en el aborto, de cómo esto los había afectado a él y a su esposa, a su matrimonio y a sus almas. Hizo un llamado a la iglesia para que se unieran a él y a su esposa y a otros para alcanzar en sus barrios a aquellos que ahora estuvieran enfrentando la misma tentación. En un momento determinado, sin embargo, su testimonio cambió. Antes de casarse había llevado a su esposa a que se realizara *dos* abortos. Varios meses después, cuando Tom compartió su historia ante un grupo de algunos líderes de iglesias, reunidos para hablar sobre apreciar y defender la vida humana inocente, el testimonio de Tom volvió a cambiar. Había abortado a *tres* de sus hijos.

Tan profunda y dolorosa era la verdad, que Dios, en su gracia, tuvo que quitar la vergüenza en capas, conforme pasaba el tiempo, en lugar de todo junto. Si quieres entender los tiempos que vivimos, y cómo la culpa del aborto está apagando al espíritu de gracia y poder en nuestra gente, no tienes más que pedirles a quienes hayan abortado que te busquen discretamente.

El único remedio que me viene a la mente para la culpabilidad del aborto es el de las Buenas Noticias de que Cristo murió por todos nuestros pecados y pagó totalmente el debido precio de *cada uno* de ellos.[7] No hay ninguna terapia, ningún programa, ninguna cura psicológica para la culpabilidad del aborto. Solo la sangre inocente de Cristo puede purificar la culpa por la sangre derramada en los abortos. Así que, la verdad del asunto es volver al punto de partida. Aquellos que predican el evangelio sin siquiera mencionar el aborto propician que precisamente aquellas personas que tienen mayor necesidad del evangelio interpreten que su silencio significa que el aborto es el pecado imperdonable.

Debemos proclamar las Buenas Noticias a los culpables, *mientras* apreciamos y defendemos a los inocentes. En mi caso, de entre las lágrimas se levantó un pueblo perdonado y liberado para servir a Dios con nuevo vigor. Se lanzaron a la ciudad, y ayudaron a que las mujeres con embarazos conflictivos encontraran un hogar, encontraran trabajo y encontraran ayuda para criar al bebé. Dieron de sí para asegurarse de que cada madre encontrara la ayuda necesaria para prepararse a ser madre o para dar al bebé en adopción. Las mujeres cristianas estuvieron al lado de las nuevas madres jóvenes, los hombres siguieron muy de cerca a los padres jóvenes, hasta que estos capturaban una visión y pasión por la paternidad. Tuvieron temor de las consecuencias, de lo que pasaría si no lo hacían. Estuvieron dispuestos a ver que se hiciera justicia y que la misericordia triunfara sobre el juicio. De primera mano sabían de la injusticia y la explotación que estaba llevándose a cabo en la industria del aborto.

El aborto como negocio orientado a la juventud

Es importante comprender que el aborto no es solo algo a lo que recurre la gente a causa de circunstancias personalmente vergonzosas o difíciles. El aborto también es un negocio con un plan de comercialización bien diseñado. El veinte por ciento de los abortos se les practican a adolescentes. Ellas son el objetivo de los abortos. En su panfleto *Selling Teen Abortions* [Venta de abortos a adolescentes], Carol Everett, quien alguna vez dirigiera dos lucrativos centros de abortos en Texas (antes de convertirse al cristianismo, el cual cambió su vida), cuenta la manera engañosa en que ella promocionaba el aborto entre las adolescentes.[8] Recurriendo al sistema de las escuelas públicas y a la falsa promesa de la anticoncepción, ella promovía la actividad sexual. Esta, después de todo, es la única manera de conseguir más embarazos, y por consiguiente vender más abortos. Cuando se le preguntó cómo lo hacía, escribió lo siguiente:

> Me presenté ante los adolescentes como experta en sexo. Les explicaba que sus padres no los ayudarían con su sexualidad, pero que yo sí lo haría. Los separaba de su sistema de apoyo número uno, y ellos me escuchaban. Segundo, nuestros médicos prescribían dosis bajas de píldoras anticonceptivas, lo cual daba como resultado un alto índice de embarazos, a sabiendas de que las píldoras necesitaban tomarse con mucha precisión, diariamente a la misma hora, o el embarazo ocurriría.
>
> Esto aseguraba que las adolescentes fueran mis mejores clientes, ya que, normalmente no

son lo suficientemente responsables para seguir por su cuenta instrucciones médicas tan rígidas. Yo sabía que su actividad sexual incrementaría de no tener ninguna, o de una vez a la semana, a cinco o siete veces a la semana una vez que fueran introducidas a este método anticonceptivo. Entonces yo podría alcanzar mi meta: tres o cinco abortos por cada adolescente de entre 13 a 18 años.

Obviamente, los partidarios del aborto que son inconversos negarían tener semejantes motivos fundamentales. Cuando yo entro en debate con los representantes de *Planned Parenthood* [Paternidad Planeada], ellos tratan constantemente de cambiar el tema del aborto por el de la anticoncepción, y expresan su deseo de evitar los embarazos. Algunos, no hay duda de eso, ingenuamente se creen su propio mantra «promovamos-la-anticoncepción-para-lograr-que-el-aborto-sea-poco-frecuente». No obstante, las evidencias muestran que los métodos anticonceptivos *no* hacen que el aborto sea poco frecuente. De acuerdo con los centros *Centres for Disease Control and Prevention (CDC)* [Centros de control y prevención de enfermedades], y el instituto *Alan Guttmacher Institute (AGI)* [Instituto Alan Guttmacher], una organización fuertemente afiliada con *Planned Parenthood* [Paternidad Planeada], aproximadamente el 58% de todas las mujeres que solicitan un aborto reportan que *estaban* recurriendo al control natal durante el mes en que quedaron embarazadas. La incidencia del uso de métodos anticonceptivos es incluso más alta entre las mujeres que solicitan abortos repetidas veces —65% de la nación. Como una contradicción a sus afirmaciones de que el aborto es de alguna manera «necesario» para estas mujeres, ambos, los informes del gobierno y de la industria del aborto muestran que más del 93% de todos los abortos inducidos se practican a madres en perfecto estado de salud con bebés en perfecto estado de salud.[10]

Al mismo tiempo que manifiestan un deseo de hacer que el aborto sea «poco común», los principales grupos que apoyan el aborto están promoviendo que sean obligatorias las prácticas para practicar abortos en las facultades de medicina de los EE. UU., que haya un mayor acceso al aborto, además de nuevas e innovadoras formas de aborto tales como metotrexato y RU-486. Siendo una industria establecida en los Estados Unidos, con un ingreso anual de $450 millones de dólares (mínimo), la industria del aborto difícilmente parece tener la intención de quedarse fuera del mundo de los negocios. Esta industria tiene su propia revista comercial que incluye una columna popular con «consejos de mercadotecnia».[11]

Planned Parenthood [Paternidad Planeada] por sí solo reporta un ingreso anual de $57 millones de dólares para su oficina nacional, con aproximadamente $143 millones que se originan del dinero recaudado de los contribuyentes por concepto de impuestos. En 1998, el centro *Planned Parenthood* [Paternidad Planeada] fue beneficiado con $52 millones de dólares en fondos federales, mediante el financiamiento del Título X (es decir: tus impuestos federales). Esto constituye la cuarta parte de todas las asignaciones anuales del título X. De acuerdo a los registros de la Hacienda Pública de los Estados Unidos, *Planned Parenthood* [Paternidad Planeada] reporta un ingreso anual de millones de dólares «contando sus gastos excesivos». No está nada mal para una organización supuestamente «no lucrativa».

Cuanto más promueven los partidarios de la anticoncepción los métodos anticonceptivos en lugar de la abstinencia antes del matrimonio y en lugar de la virtud dentro de este, más abortos y «embarazos no planeados» experimentamos. Cristo nos dijo que conoceríamos al árbol por sus frutos. Los protestantes, al igual que los católicos, de hecho las personas de todas las creencias, o de ninguna, deberían reconocer ahora que la encíclica profética, *Humanae Vitae,* que el Papa Pablo VI escribió en 1968, fue muy precisa. La aceptación generalizada de los métodos anticonceptivos ha estimulado la actividad sexual desenfrenada fuera del matrimonio, la elevación radical del índice de divorcios, el uso de las mujeres como objeto sexual, y millones de muertes por aborto.

El aborto entre las minorías

Un pastor asociado aquí en Boston, quien es un ministro de color muy respetable, al saber que se estaban abriendo en Boston centros de salud durante el embarazo, dijo: «Bueno, el aborto no es un problema que se presente en nuestra iglesia. Nuestra gente no aborta». Esto es una ignorancia lamentable, es hacerse ilusiones. Pero según un estudio llamado «Actitudes hacia el aborto dentro de la comunidad afroamericana», este es un mito que la comunidad afroamericana cree fuertemente. De acuerdo con el estudio:

> El aborto es considerado por muchos afroamericanos como un «problema de blancos» —particularmente entre los hombres. Al parecer, hay una fuerte percepción de que las mujeres blancas tienen más probabilidades de abortar que las mujeres afroamericanas. Con frecuencia escuchábamos a hombres decir: «Nuestras mujeres no abortan». Mientras que las mujeres reconocieron que los abortos se dan con más frecuencia [que lo esperado por los hombres], también parecen creer que es una decisión tomada como último recurso.[12]

Cuando a los afroamericanos se les informa acerca de las estadísticas reales de abortos, muchos quedan consternados. Las mujeres afroamericanos constituyen solo el 14% de las mujeres en edad reproductiva. Sin embargo, representan el 31,1% de todos los abortos. Las mujeres hispanas constituyen solo el 10,6% de este mismo grupo, pero son víctimas del 20,2% del total de abortos en Estados Unidos. Juntos, estos dos grupos minoritarios representan menos del 25% de las mujeres en edad reproductiva en Estados Unidos, pero representan el 51% del total de los bebés que se abortan en el país.[13] En otras palabras, los grupos minoritarios de mujeres están teniendo más del doble de abortos que las mujeres blancas.

Para añadir más a esta tragedia, en sondeos públicos sobre el aborto, las mujeres del grupo minoritario votaron más «a favor de la vida» que las mujeres blancas. Mientras que el 19% de la población se opone a que los abortos se lleven a cabo bajo cualesquier circunstancia, el 27% de todas las afro-americanas sostuvieron esta creencia «sin excepción, sin concesiones». Solo el 3% aprobó la siguiente posición: *El aborto es lícito, por cualquier razón que la mujer elija, y en cualquier momento durante el embarazo; no debe haber restricciones legales de ningún tipo; además, si una mujer no puede solventar el gasto, el gobierno debe pagar el procedimiento.*[14] Tal apoyo al aborto a demanda y sin restricciones es actualmente defendido por líderes que pugnan por los derechos al aborto, como Hillary Clinton, el centro *Planned Parenthood* [Paternidad Planeada], NARAL (que actualmente se auto-nombran *National Abortion Rights and Reproductive Rights Action League* [Liga de Acción Nacional a Favor de los Derechos al Aborto y a la Reproducción]), y la *National Organization of Women* [Organización Nacional de Mujeres]. Dado que el grupo minoritario de mujeres enfatizó una sensibilidad hacia el milagro y la santidad de la vida humana, temo que para ellas la devastación espiritual y emocional del aborto dará muestras de ser todavía mayor.

Hoy en día casi uno de cada tres bebés concebidos en Estados Unidos es asesinado por medio del aborto.[15] Lo que equivale a un genocidio, especialmente para las poblaciones minoritarias.

FUNDAMENTOS PARA APRECIAR Y DEFENDER LA VIDA HUMANA INOCENTE

—◆—

Dios tiene la preeminencia en todas las cosas. Nosotros amamos porque él nos amó primero. Nos hace un llamado a ser santos porque él es santo. Él ama la justicia y quiere que estemos dispuestos a ver que se haga justicia. De igual manera, nuestro compromiso apasionado de apreciar y defender la vida humana inocente es primordial porque *Dios aprecia y defiende la vida humana inocente.*

Dios es vida

Dios es vida, y al darse a sí mismo a nosotros, él nos da la vida misma. O como escribe George Grant: «La vida es el regalo de Dios al mundo».[1]

Dios es el dador de vida (Hechos 17:25), la fuente de la vida (Salmos 36:9), el baluarte de la vida (Salmos 27:1), el autor de la vida (Hechos 3:15), y el renovador de la vida (Ruth 4:15).

Al enviar a Jesucristo al mundo, Dios nos trae el mensaje de vida (Hechos 5:20), las palabras de vida (Juan 6:68), la luz de la vida (Juan 8:12), el regalo de una vida nueva (Juan 5:21), vida abundante (Juan 10:10), y vida eterna (Juan 3:16).

Amar a Dios es amar la vida. Ser como Cristo es estar a favor de la vida. «El movimiento a favor de la vida y de la fe cristiana son sinónimos. Donde haya una cosa, habrá la otra, pues una cosa no puede darse sin la otra».[2]

La creación está repleta de vida

La vida de Dios ha sido derramada en toda la creación. La primera misión del hombre, al ser creado por Dios fue comprender las implicaciones de quién es Dios, estudiando y nombrando todo lo que veía a su alrededor (Génesis 2:20). Todas las ciencias naturales comienzan aquí. Ponerle nombre al ganado, a las aves del aire, a las bestias del campo y a los peces del mar es la conclusión culminante de que el mundo de Dios está literalmente *repleto* de vida (Génesis 1:20). Esta vida abundante, con todas sus clasificaciones y especies y familias es testimonio de la belleza radiante, de la ira intensa, la sabiduría sublime, y de otras cualidades resplandecientes del dador de vida.

Entre todas las cosas que Dios ha creado, él aprecia especialmente la vida humana

Cuando surgió el tema del pago de impuestos, Jesús les pidió a los fariseos que miraran la moneda y le dijeran qué imagen había sobre ella. «La de César», respondieron. Entonces Jesús dijo: «…denle al césar lo que es del césar y a Dios lo que es de Dios» (ver Mateo 22:15-22). Al decir esto, Jesús indicó lo que Dios aprecia por encima de toda la creación y a lo que ha dotado con un amor posesivo especial. ¿Qué es aquello que tiene la imagen de Dios estampada y que, por esta marca, debe regresar a Dios únicamente? La respuesta, por supuesto, es la vida humana.

Aseveramos que toda vida humana es sagrada y le pertenece a Dios porque todas las personas están hechas a su imagen (Génesis 1:27). En vista de que todo ser humano es creado por Dios y a su imagen, todo ser humano tiene un valor más bien *intrínseco,* y no uno *relativo.* Las personas no están valoradas de acuerdo con su calidad de vida o por su utilidad para servir a los deseos de los demás. No existen para que sean destruidas cuando «no las quieran». Dios las hizo. ¡Dios las quiere y las valora! No existen para que sean desechadas, sacrificadas, o para que se les practique la eutanasia porque ya no sean útiles a otros.

La ofensa moral del aborto comienza aquí. Como todas las demás formas de homicidio, se trata de un hecho que desfigura la gloria de Dios reflejada en la vida que Dios está formando para *su propia gloria.* El aborto destruye la propiedad de Dios, algo que él hizo para sus buenos propósitos particulares.

De entre toda la vida humana, Dios aprecia especialmente la vida humana inocente

Como Dios es justo y valora la justicia, aprecia la vida humana *inocente*. Por consiguiente, repetidamente nos hace el llamado a respetar y defender a los inocentes. «No le quites la vida al que es inocente y honrado, porque yo no absuelvo al malvado» (Éxodo 23:7). «Cuando dos hombres tengan un pleito, se presentarán ante el tribunal y los jueces decidirán el caso, absolviendo al inocente y condenando al culpable» (Deuteronomio 25:1). «No está bien castigar al inocente…» (Proverbios 17:26). «No está bien declarar inocente al malvado y dejar de lado los derechos del justo» (Proverbios 18:5). «¡Ay de… los que por soborno absuelven al culpable, y le niegan sus derechos al indefenso!» (Isaías 5:22-23).

De entre toda forma de vida humana inocente, Dios aprecia especialmente a los niños

Esta es una cualidad que nosotros, bajo circunstancias normales, entendemos bastante bien. En Boston, mientras yo escribía esta sección, un balazo causó la muerte de un niño de tres años de edad, cuando su padre estaba eludiendo a una persona que estaba invadiendo su casa. La ciudad quedó conmocionada.

¡Un niño! ¡Solo tenía 3 años! Nuestra indignación y dolor se magnifican por el hecho de que era un *niño* inocente. Privar de la vida a *cualquier* inocente sigue siendo el colmo de la maldad. A quienes lo hacen así, la justicia de Dios declara: «Tanto han engordado que parecen toros y vacas listos para el matadero. Injustamente han acusado y matado a personas inocentes, que ni siquiera podían defenderse» (Santiago 5:5-6 BLS). Y el ideal judicial justamente percibe la ofensa moral agravada de matar a un *niño* inocente.

Una de las advertencias más severas de Cristo se presentó cuando él estaba reflexionando sobre cómo las personas dañaban a los niños inocentes haciéndolos pecar. «Pero si alguien hace pecar a uno de estos pequeños que creen en mí, más le valdría que le colgaran al cuello una gran piedra de molino y lo hundieran en lo profundo del mar» (Mateo 18:6). Puesto que sabemos que Dios es justo y que su castigo siempre va de acuerdo con el crimen, podemos estar seguros de que este castigo implacable muestra claramente la medida de su intenso amor por la salud y bienestar de todos y cada uno de los niños inocentes.

De entre todos los niños inocentes, Dios ve a los niños no nacidos como su obra extraordinaria del diseño de cada persona

¿Qué podemos decir del feto en sí? ¿Qué dice la Biblia acerca de la vida en el vientre? Salmos 139:13:14 dice: «Tú creaste mis entrañas; me formaste en el

vientre de mi madre. ¡Te alabo porque soy una creación admirable! ¡Tus obras son maravillosas, y esto lo
sé muy bien!».

En este versículo, David reflexiona sobre su vida
en el vientre de su madre, antes de nacer. Ahí, él ve
un «yo» que está siendo hecho personalmente por un
«tú». Ve su vida como «Dios haciendo su obra». David
no contempla su período de gestación como algo im-
personal, ni como un proceso mecánico de manufac-
tura en el cual la vida o la personalidad se agregan
posteriormente, como la gasolina a una podadora para
hacerla funcionar. No, David ve el vientre de su madre
como el estudio de arte personal de Dios. La gestación
es la obra extraordinaria de Dios de entretejer, formar
y moldear lo más profundo de su ser.

Si examinamos cualquier otra parte de la Biblia, vemos lo mismo. Nuestras vidas como personas empie-
zan en el vientre.

Un ejemplo de esto se encuentra en Génesis 4:1: «El
hombre se unió a su mujer Eva, y ella concibió y dio
a luz a Caín». Desde la perspectiva de las Escrituras,
fue la *persona* Caín la que fue concebida, y la *persona
Caín* quien nació. El Dr. John Davis, catedrático de
teología en el Seminario Teológico Gordon-Conwell
observa: «El interés del autor por Caín se extiende
más allá de su nacimiento, y va hasta su concepción.
Ahí es donde comienza su historia personal».[3] Desde
el momento de su concepción comenzó la humanidad
y la personalidad —la vida— de Caín.

Lo mismo se aplica a la vida de Job. Él también

consideraba que su historia personal comenzó en la concepción. Afirmó: «Perezca el día en que yo nací, y la noche en que se dijo: varón es concebido» (Job 3:3 RVR1960). ¿Qué fue concebido? No un varón en potencia, algo abstracto o carente de personalidad, sino que fue concebido un *varón*.

En la visión del mundo que presenta la Biblia, los niños son niños, ya sea que estén dentro de su madre o dentro de una casa. Génesis 25:22 dice de Rebeca: «…los niños luchaban dentro de su seno». Esta palabra que se utilizó para referirse a los niños es la misma palabra hebrea utilizada para los niños fuera del vientre a lo largo del Antiguo Testamento.

Clifford Bajema está en lo cierto cuando en su libro *Abortion and the Meaning of Personhood* [El aborto y el significado de la persona] escribe: «Las Escrituras no establecen el tipo de distinción filosófica sutil que hace la gente en la actualidad con tanta frecuencia entre la vida humana y el ser humano, entre el hombre y la persona, entre la vida y la Vida. Las Escrituras solamente hablan del hombre».[4]

En el Nuevo Testamento leemos que en respuesta a la concepción milagrosa anunciada por el ángel Gabriel, «María emprendió el viaje y se fue de prisa a un pueblo … Al llegar, entró en casa de Zacarías y saludó a Elisabet» (Lucas 1:39-40). Apenas unos cuantos días después de haber concebido, María se encontró con Elizabet, quien en ese tiempo tenía seis meses del embarazo de su hijo Juan el Bautista, quien aún no nacía. Lucas 1:41-44 dice: Tan pronto como Elisabet oyó el saludo de María, la criatura saltó en su vientre. Entonces Elisabet … exclamó: «… tan pronto como llegó a mis oídos la voz de tu saludo, saltó de alegría la criatura que llevo en el vientre».

Esta palabra *criatura* (la palabra griega *brephos*) es la misma palabra que se usa en Lucas 2:12 y 2:16 para el niño Jesús cuando estaba recién nacido. «Encontrarán a un niño envuelto en pañales y acostado en un pesebre» (v. 12).

Además, el encuentro de Elisabet con María enfatiza, con un sentido de sorpresa asombrosa para la primera, la personalidad de ambos niños no nacidos, Juan el Bautista y Cristo cuando era niño. Elisabet siente la reacción de su propio bebé al estar en la presencia del Mesías prometido. El niño que aún no había nacido, Juan el Bautista, saltó de gozo ante la presencia de la persona que todavía no había nacido: ¡Jesucristo el Todopoderoso!

Considera ahora en qué punto se encontraba Cristo en estos momentos en lo relativo a su desarrollo embrionario. La expresión «a los pocos días», de Lucas 1:39 nos indica que inmediatamente después del anuncio de la concepción, María se puso en camino para visitar a Elisabet. Nuestro texto dice que «se fue de prisa» para ir a verla. Ya que el lugar estaba, cuando mucho, a solo pocos días de distancia, Jesús era un mero cigoto, concebido solo días antes. No obstante, asombrosamente, cuando María saludó a Elisabet, el feto de seis meses, Juan el Bautista, sintió *gozo* en la presencia del Hijo de Dios encarnado, completamente humano.

SANIDAD PARA LOS QUE ESTÁN MORALMENTE CIEGOS

—❦—

La mayor parte del tiempo damos por sentado que todo el mundo sabe qué es un ser humano. Nunca he escuchado a una madre dar a luz y preguntarse: «¿Mi bebé ya es un ser humano real?». La humanidad y la personalidad son evidentes en sí mismas. El aborto legal, así como la esclavitud legal del pasado, requiere que neguemos lo que es evidente en sí. Uno puede verlo claramente por medio de las ciencias naturales y por medio de la ley natural, si el interés personal no se interpone.

Embriología humana

El Dr. Hymie Gordon de la Clínica Mayo dijo: «De acuerdo con todos los criterios de la biología molecular moderna, la vida está presente desde el momento de la concepción».[1] Todos y cada uno de los libros de texto de biología del mundo están de acuerdo con el Dr. Gordon. En la concepción, todo el material genético que alguna vez llegaremos a tener en todas las etapas del desarrollo humano (cigoto, embrión, feto, recién nacido, infante, niño pequeño, niño mayor, adolescente, joven, adulto, adulto mayor, etc.) está presente. Los niños no nacidos no están *convirtiéndose* en humanos; están, como dijo John Stott, desarrollándose para «alcanzar la plenitud de la humanidad que ya poseen».[2]

La maravillosa ciencia de la embriología, junto con los avances de la tecnología, especialmente el ultrasonido, nos ha permitido ver, fotografiar y filmar en vivo y a color, lo que el rey David tan poéticamente meditó en Salmos 139:13-14. «Tú creaste mis entrañas; me formaste en el vientre de mi madre. ¡Te alabo porque soy una creación admirable! ¡Tus obras son maravillosas!».

Un huevo humano fertilizado se convierte en una entidad dirigida por sí misma cuando se multiplica y se convierte en solo cuatro células. El corazón del bebé empieza a latir cuando apenas tiene 18 días (aproximadamente 31 días a partir del primer día del último período menstrual de una mujer), justo cuando una mujer deja de tener su período y se pregunta si está embarazada.[3] Los abortos quirúrgicos generalmente no se llevan a cabo antes de siete semanas (49 días a partir del primer día del último período menstrual de una mujer).[4] Para ese tiempo, el bebé tiene brazos y piernas identificables (día 45) y tiene ondas cerebrales que se pueden medir (aproximadamente 40 días). En el lapso de la séptima a la décima semana, cuando se efectúan el 61% de todos los abortos, aparecen los dedos y los genitales, y la cara del niño se reconoce como un rostro humano. A las seis semanas se forman todos los órganos principales, y a las 12 semanas no ocurre ningún desarrollo anatómico nuevo. El bebé solamente crece de tamaño.

No obstante, en este país hay 400 abortos que se practican *todos los días* en bebés que están en su segundo y tercer trimestre. No se realizan para salvar la vida de la madre. Se realizan por las mismas razones por las que se llevan a cabo los abortos de menos tiempo. El derecho al aborto, tal como se presenta ahora, permite a una mujer abortar a su bebé en cualquier momento, por cualquier razón o por ninguna.[5]

El ultrasonido y las observaciones empíricas del Dr. Bernard Nathanson

Desde un punto de vista bíblico, como ya se mostró, no hay diferencia entre ser un ser humano o ser una persona. Empíricamente, la diferencia no existe tampoco.

El Dr. Bernard Nathanson fue responsable de 75.000 abortos en Nueva York a finales de los años sesenta y a principios de los setenta. Él fue uno de los principales arquitectos de las estrategias diseñadas para legalizar el aborto en Estados Unidos. Sin embargo, fue el ultrasonido, que se inventó en los años setenta, lo que llegó a ser para él una ventana al vientre. Él afirmó:

> A partir de ese momento vimos a esta persona en el vientre desde el mismísimo principio, y la estudiamos, medimos, pesamos, cuidamos, tratamos, diagnosticamos, e hicimos todo tipo de cosas. En esencia, se convirtió en un segundo paciente. Ahora bien, un paciente es una persona, así que básicamente yo estaba entonces tratando con dos personas, en lugar de solo con una que traía consigo un pedazo de carne. Eso fue lo que causó que yo comenzara a dudar de la aceptación ética del aborto a demanda.[6]

Ese reconocimiento de la personalidad del niño no nacido que hiciera el Dr. Nathanson no tenía ningún tinte religioso. Él era un judío ateo. «Yo no tengo semillas de fe que me nutran», escribió.[7] La embriología en sí, confirmada por el ultrasonido, fue lo que lo llevó a reconocer la personalidad del niño recién nacido.

La revista *New England Journal of Medicine* [Revista de Medicina de Nueva Inglaterra] reportó en 1983 que el ultrasonido nos estaba enseñando a considerar un «paciente» al niño no nacido.

Las imágenes de ultrasonido probablemente cambiarán la forma de visualizar al feto que tenga una afección diagnosticada y que sea tratable… Sin duda alguna, los cirujanos ya consideran como un «paciente» al feto que tiene algún defecto congénito que puede corregirse.[8]

El mismo reporte también indicó que los exámenes de ultrasonido estaban haciendo que las madres ambivalentes se volvieran hacia la maternidad, y las estaban alejando del aborto.

Uno de nosotros señaló al pequeño feto en movimiento, el cual era una forma visible en la pantalla, y preguntó: «¿Qué sientes al ver lo que está dentro de ti?». Ella respondió con vigor: «¡Ciertamente te hace pensar dos veces en el aborto!… Siento que es humano. Me pertenece. Ahora nunca podría abortar».

El cuestionamiento de personas «completas»

¿Hay alguna diferencia entre ser un ser humano y ser una persona? Los partidarios del aborto justifican el aborto (y el infanticidio y la eutanasia) haciendo una distinción entre ser un ser humano y ser una persona. Proponen que el derecho a la vida se limita a aquellos que son personas «completas», y no meramente humanos.

Por ejemplo, Peter Singer, en un famoso debate que se llevó a cabo en Princeton, abogó porque los derechos del aborto se extendieran al infanticidio. «No creo que siempre sea malo matar a un ser humano inocente. Simplemente, matar a un infante nunca equivale a matar a una persona».[9]

Ya hemos mostrado que de acuerdo con la Biblia no

existe semejante distinción. Y lo que es más, pregúntate a ti mismo: «¿Es razonable?». Una manera de ver la falacia de que uno puede ser un humano pero no ser una persona es preguntándose: ¿Cuál es la diferencia? ¿Cuáles son las características de un ser humano que no sea una persona?

El argumento más común tiene que ver con la conciencia. Se argumenta que uno es persona solamente si es «completamente» consciente, sin importar lo que sea esto. Los proponentes de esta postura no pueden definir la conciencia. Tampoco aplicarán el principio en general. Entre dos personas cualesquiera se observan diferentes niveles de conciencia y discernimiento. Una persona de cincuenta años tiene más discernimiento, en general, que un adolescente. ¿Esto justifica matar a adolescentes porque, aunque son humanos, todavía no son personas «completas»? Claro que no. Además, ellos se defenderían. Incluso podría haber diferentes tipos de auto-conciencia entre dos profesores de ética. Pero Singer no estaría de acuerdo en que simplemente matar a un profesor de ética no equivaldría a matar a una persona. Él defendería fuertemente su derecho a la vida. Los éticos como Singer siempre eligen a los grupos indefensos (a los bebés, a los enfermizos, a los enfermos mentales, o a los grupos raciales desprotegidos), porque tales personas no pueden defenderse.

Pero estas personas pueden apelar a Dios: «Que venga tu compasión a darme vida…» (Salmos 119:77). Y el Dios que los hizo y que los aprecia oye su clamor por justicia, y envía a su pueblo a la brecha, ordenándoles: «¡Levanta la voz por los que no tienen voz!» (Proverbios 31:8), y, «¡Defiende a los pobres y necesitados!» (31:9). Si nosotros no vamos en su defensa, ellos no tienen ninguna esperanza.

Otra respuesta ofrecida para justificar la distinción entre ser un ser humano y ser una persona es el tamaño. Vemos a un niño no nacido de seis semanas de edad y decimos que es demasiado pequeño para ser una persona completa. ¿Pero realmente creemos que cuanto más grande sea una persona, más derechos tiene? Los hombres suelen ser más grandes que las mujeres; los hermanos mayores son normalmente más grandes que los menores. Pero definitivamente en ninguno de estos casos decimos que la persona más grande es superior a la más chica.

Vemos a un niño no nacido de cinco semanas de edad, y para nosotros tiene una apariencia extraña. Mucho más cuando se trata de un bebé de cinco días de edad, que está en el vientre. Concluimos que no puede ser una persona porque se ve diferente a lo que normalmente vemos, y con lo cual estamos familiarizados. Pero párate a pensar un momentito. Los bebés recién nacidos también tienen apariencia extraña. Tienen cabezas demasiado grandes que sobrepasan el tamaño del resto de sus cuerpos en gran proporción. Solo porque hemos visto demasiados en esta etapa, estamos acostumbrados a esto. El tamaño, la forma y la proporción no determinan a la persona, sino que reflejan la variedad y la maravilla de la vida humana en etapas diferentes.

Aun así, otro argumento es la «viabilidad». No obstante, como el niño no nacido, un recién nacido tampoco puede sobrevivir sin ayuda. Si una noche de nieve me encuentro a un niño de dos años perdido en la ciudad, lo más probable es que este muera sin mi ayuda. ¿Acaso digo: «Él no es viable, no lo va a lograr aquí afuera solo; creo que lo voy a matar»? ¿Es aceptable eso? No. Aunque depende de mí para permanecer con vida, es un niño apreciado y es digno de mi ayuda. Las personas de cualquier edad, cuyo corazón depende de una máquina durante una operación quirúrgica, o posteriormente dependen de una máquina para respirar, no son «viables» per se (capaces de vivir por sí mismos). Pero, ¿dejan de ser personas? Claro que no.

El eclipse de la razón

Bernard Nathanson acertadamente hace notar que en la historia, la aplicación del vocablo «persona» siempre ha sido exclusiva. Durante el Holocausto, los judíos (así como los gitanos, los polacos y los sacerdotes católicos romanos) fueron ampliamente clasificados como no personas. Asimismo, los negros en Estados Unidos sufrieron el mismo trato bajo la infame resolución en contra de Dred Scott, que mantuvo la práctica de la esclavitud.

Si corrompes el lenguaje, corrompes el pensamiento. El aborto es así: exige normalizar lo anormal; requiere una redefinición y un razonamiento esquizofrénico, o lo que Nathanson llama «El eclipse de la razón».

Si un conductor ebrio mata a una madre que va en camino al hospital para un chequeo prenatal, al asesino pueden levantársele cargos por *doble* homicidio. Sin embargo, si ella logra llegar al hospital sin incidentes, pero cambia de opinión respecto a tener otro hijo, puede hacer que le quiten al bebé pedazo a pedazo, o puede recurrir al nacimiento de nalgas o por los pies, con el espantoso procedimiento infanticida erróneamente llamado aborto de «nacimiento parcial».

En Massachussets una madre embarazada fue llevada a prisión porque en el *Social Services Department* [Departamento de Servicios Sociales] temían que pudiera estarle haciendo daño a su bebé *no nacido*. Ella pertenecía a una secta religiosa de pocos miembros que creía que no era bueno recurrir a la medicina moderna y a los hospitales para el cuidado de sus hijos. El Estado argumentó tener un interés imperioso en proteger la salud del bebé no nacido y en asegurarse de que el bebé obtuviera ayuda médica en el alumbramiento, si esto fuera necesario. No obstante, si esta mujer hubiera declarado sus «derechos de reproducción» e insistido en un aborto, ellos la habrían llevado a unas instalaciones donde practican abortos. En Massachussets, el Estado incluso habría tenido que pagarlo.

En el verano del año 2000 recibí una oleada de mensajes electrónicos en los que me contaban de una foto asombrosa de una mano humana. En la foto, la mano de un bebé no nacido, de veintiuna semanas de edad, Samuel Alexander Armes, sale del vientre de su madre para alcanzar y sujetar el dedo del cirujano que está a punto de salvar su vida. El bebé Samuel, a quien estaban operando de espina bífida, aún no había respirado por primera vez, sin embargo el apretón de su mano, tan seguro y firme, habló con fuerza: «Aquí estoy. Estoy vivo. Cuento contigo. Estoy agradecido».

Por un momento, la nación entendió lo que Sir Charles Bell, uno de los anatomistas comparativos más respetados del siglo XIX, declaró en una ocasión: «Ningún informe serio de la vida humana puede ignorar la importancia de la mano humana».[10]

«La mano humana está tan bellamente formada», observó Bell, «sus acciones son tan poderosas, tan libres y sin embargo tan delicadas, que no hay manera de razonar su complejidad como instrumento; la usamos como cuando respiramos, inconscientemente».

En ese tiempo Bell estaba proporcionando una refutación anticipada a la teoría de la evolución de Darwin. La mano humana es la obra divina de la simetría. En ella, el Perfecto Artesano escribió su firma.

La mano del bebé Samuel aferrándose al guante del cirujano despertó, aunque sea brevemente, la conciencia de una nación de que el no nacido es *evidentemente* un ser humano. ¡Mira la foto! También respecto a que el aborto es *evidentemente* la destrucción violenta de un ser humano. Extrañamente, durante algunos años he llevado esta verdad conmigo en la forma de una mano humana. En 1989 un amigo mío sacó una mano diminuta de la basura que estaba detrás de las instalaciones donde se practican abortos en mi localidad. Si la primera foto es una maravilla, la segunda es un crimen contra la humanidad. Si el apretón de la manita de Samuel dice «¡gracias!», ¿qué dice la mano de este bebé sin nombre sino «también yo estoy aquí?, ¿nadie va a salvar mi vida?, ¿por qué me están lastimando?».

Foto: Michael Clancy. Usada con permiso.

SEIS

EL MAL MORAL MÁS GRANDE DE NUESTROS TIEMPOS

———❧———

El Dr. James Dobson dijo: «Considero que el aborto es el mal moral más grande de nuestra era debido al valor que tienen esos bebitos». ¿Está Dobson en lo cierto? ¿El aborto se eleva hasta ese nivel, o es simplemente un mal social entre otros iguales (indigencia, orfandad, hambre, etc.)?

Existe una tendencia a reducir al aborto a un «asunto». A mí me resulta difícil escribir sobre el aborto sin usar la palabra. Indudablemente hay muchos asuntos legítimos que rivalizan para llamar nuestra atención, pero el aborto es un acto de violencia que mata a un bebé. Como tal, este va más allá de nuestros sentidos, más allá de nuestro vocabulario, más allá de los límites del discurso normal. Comparte la misma característica adormecedora-de-la-mente, demasiadohorripilante-para-ser-cierta que levantó en la generación previa el espectro del Holocausto. El número de abortos es tan extenso ahora, y las implicaciones de nuestra culpabilidad son tan grandes que experimentamos una especie de coma intelectual por el trauma que esto provoca; simplemente nos cerramos. Hacemos esto al reducir al aborto a un asunto entre muchos y luego elegir otros asuntos en los cuales enfocarnos. No obstante, creo que Dobson está en lo cierto. El aborto es el mal moral más grande de nuestra era; es la injusticia moral que más inflama el furor en el corazón de Dios, y por la cual nosotros, su pueblo, somos llamados a actuar con una valentía moral profunda y persistente. A continuación ofrezco las razones de ser de esta conclusión.

Entre todas las ofensas del hombre, la mayor es el derramamiento de la sangre humana inocente

Dios es tolerante, pero su paciencia tiene un límite. Hay un punto en que, por la dureza de nuestro corazón, llegamos a ser tan insensibles a la voluntad moral de Dios que él dice: «¡Basta ya!». En la época de Noé, la maldad maduró hasta llegar a ese punto. «Entonces, el Señor dijo: "Mi espíritu no permanecerá en el ser humano para siempre"» (Génesis 6:3). Después, dentro de un juicio justo, «borró» de la tierra al ser humano hasta dejarla limpia (6:7).

Al trazar el punto limítrofe en el que Dios pasa de la

advertencia paciente a un juicio activo, las Escrituras dicen que matar a personas inocentes, o aceptar pasivamente que se las mate, es lo que finalmente invoca su ira.

Este es el mensaje de los profetas. Algunos profetas transfirieron este mensaje como una acusación. Otros, como un recordatorio del por qué cayó el juicio. En ambos casos, señalaron el derramamiento de sangre inocente como el punto en el que la paciencia de Dios llegó a su límite, y este dijo: «¡Basta ya!». Fíjate en el profeta Ezequiel:

> Adviértele que así dice el Señor omnipotente: ¡Ay de ti, ciudad que derramas sangre en tus calles…! …Te has hecho culpable por la sangre que has derramado… (Ezequiel 22:3-4).

Isaías también acusó a la gente de ser culpables del derramamiento de sangre:

> Cuando levantan sus manos, yo aparto de ustedes mis ojos; aunque multipliquen sus oraciones, no las escucharé, pues tienen las manos llenas de sangre. ¡Lávense, límpiense! (Isaías 1:15-16).

En Apocalipsis 16:5-6, el juicio de Dios se describe como una vindicación por aquellos cuya sangre fue derramada injustamente. Aun durante el martirio, Dios, de forma personal e íntima, está observando la

vida de cada persona. «Justo eres tú …: ellos derramaron la sangre de santos y de profetas…». En Génesis
4:10 vislumbramos cómo le importa a Dios la vida humana inocente. Cuando Caín mató a su hermano Abel,
Dios escuchó a Abel reclamando venganza. «Desde la
tierra, la sangre de tu hermano reclama justicia».

Como Dios ama, se enoja. Como aprecia la vida humana inocente con un corazón ardiente, y como ordena
a todos los hombres de todos los lugares que hagan lo
mismo, su repugnancia por el asesinato de los inocentes
no conoce límites. Tampoco su ira cuando finalmente
se desata. La ira de Dios es descrita como «furia de su
castigo» (1 Samuel 28:18), «ardor» de su ira (Job 40:11
RVR), «todo su enojo» (Salmos 78:38 RVR), consumi-
dora (Salmos 59:13), «enojo» e «indignación» (Salmos
102:10), «celo» y «furor» (Ezequiel 36:6). Para Dios,
advertirnos acerca de su ira es otra señal de su amor.
Para nosotros, ignorar la advertencia es un síntoma de
cuánto nos hemos endurecido, y de hasta dónde hemos
llegado para ser susceptibles a su ira.

*De entre todas las formas en que el hombre
derrama sangre inocente, la más ofensiva
es la del sacrificio de niños*

Hay muchas formas de derramar sangre inocente, pero
la forma más abominable es el sacrificio de niños. Al
sacrificar niños, aquello que Dios aprecia es destruido con el fin de adorar a dioses falsos. No hay forma
mayor de profanar la gloria de Dios. Así que a Israel

se le enseñó: «No profanarás el nombre de tu Dios, entregando a tus hijos para que sean quemados como sacrificio a Moloc. Yo soy el Señor» (Levítico 18:21). A los ojos de Dios, ambas cosas: el sacrificio de niños, y la aceptación pasiva de este profanan el nombre de Dios y despiertan su indignación. Por lo tanto, él le enseñó al pueblo de Israel:

> Todo israelita o extranjero residente en Israel que entregue a uno de sus hijos para quemarlo como sacrificio a Moloc, será condenado a muerte... Yo mismo me pondré en contra de ese hombre y lo eliminaré de su pueblo porque, al entregar a uno de sus hijos para quemarlo como sacrificio a Moloc, profana mi santuario y mi santo nombre. Si los miembros de la comunidad hacen caso omiso del hombre que haya entregado alguno de sus hijos a Moloc, y no lo condenan a muerte, yo mismo me pondré en contra de él y de su familia; eliminaré del pueblo a ese hombre y a todos los que se hayan prostituido con él, siguiendo a Moloc (Levítico 20:2-5).

Israel no debía tomar parte en el derramamiento de la sangre inocente de los niños. Su deber era evitarlo y oponerse a ello como la misma antítesis de lo que agrada al verdadero Dios viviente, quien advirtió a Israel que si seguían las mismas prácticas de la gente que él estaba borrando de la tierra, ellos también serían borrados y echados fuera (pues Dios, ante su ley santa, trata igual a todos los hombres). Cuando Dios quiso enfatizar el tipo de prácticas que tenían que ser evitadas, y qué era lo que particularmente lo ofendía e invocaba su ira incontenible, ¿qué señaló? Otra vez señaló el derramamiento de la sangre inocente de los niños.

> No adorarás de esa manera al Señor tu Dios, porque al Señor le resulta abominable todo lo que ellos hacen para honrar a sus dioses. ¡Hasta quemaban a sus hijos e hijas en el fuego como sacrificios a sus dioses! (Deuteronomio 12:31)

La paciencia de Dios con el hombre pecador llega a su límite cuando se sacrifican niños inocentes.

A pesar de estas advertencias, más tarde el pueblo de Israel se alejó tanto del corazón de Dios que imitó los pecados de los cananeos.

Acaz, rey de Judá, «no hizo lo que agradaba al Señor su Dios. Al contrario, siguió el mal ejemplo de los reyes de Israel, y hasta sacrificó en el fuego a su hijo, según las repugnantes ceremonias de las naciones que el Señor había expulsado delante de los israelitas» (2 Reyes 16:2-3). Acaz viene a representar el pináculo de la corrupción moral en Israel porque alcanzó el pináculo de la ofensa moral: terminó con la vida de su propio hijo.

Ambos, Israel y Judá sufrieron el exilio cada uno

en su debido momento. El reino de Israel fue borrado primero. El rey de Asiria «invadió el país entero… [y] después de conquistar Samaria, deportó a los israelitas a Asiria…» (2 Reyes 17:5-6), y no se dejó que las personas se preguntaran la razón de esto. «Todo esto sucedió porque los israelitas habían pecado contra el Señor su Dios» (17:7). Lo que le siguió fue una acusación formal de todas sus ofensas. Lo último en la lista, la expresión inapelable de indignación divina es esta: «sacrificaron en el fuego a sus hijos e hijas; practicaron la adivinación y la hechicería; en fin, se entregaron a hacer lo que ofende al Señor, provocando así su ira» (17:17).

Tal vez la expresión más clara del furor de Dios contra la inmolación de niños inocentes se encuentra en Ezequiel 16:20-21. Aquí el sacrificio de los niños se registra en términos muy personales. «Tomaste también a los hijos y a las hijas que tuviste conmigo y los sacrificaste como alimento a esas imágenes. ¡No te bastaron tus prostituciones! Inmolaste a mis hijos y los pasaste por fuego como ofrenda en honor de esos ídolos».

Dios toma la muerte de cada niño como algo personal; toma la inmolación de los niños inocentes como nada menos que el asesinato de Sus propios hijos.

El aborto es el sacrificio de un niño

Sin importar las razones a las que nos aferremos con el fin de justificar el aborto, estas no coinciden con lo que la conciencia sabe, y las Escrituras confirman en cuanto a qué es «el sacrificio de un niño». Queremos que nuestras vidas vayan de acuerdo con nuestros planes, entonces, para asegurarlos, el bebé es sacrificado. Kim Flodin, una defensora acérrima de los derechos al aborto, y escritora independiente, abortó dos veces. En la revista *Newsweek* [Noticias de la semana] escribió sobre sus circunstancias angustiosas, y sobre la subsiguiente culpa y heridas, y concluyó: «Yo estuve embarazada, tuve en mi vientre a dos niños no nacidos, y por razones completamente egoístas, escogí negarles la vida de manera que yo pudiera mejorar la mía propia».[1] Esto es el sacrificio de un niño.

Ya no sacrificamos a nuestros hijos para complacer a un dios pagano sediento de sed, como Moloc. Nosotros nos hemos convertido a nosotros mismos en un dios, y sacrificamos a nuestros hijos para nuestros propios fines. Abortamos por el dinero, creyendo que no podemos darnos el lujo de tener un hijo y de *hacer* las otras cosas que queremos hacer con nuestro dinero.

Abortamos para librarnos de la vergüenza de que los demás descubran nuestra promiscuidad, y para salvaguardar nuestra reputación. Abortamos para conservar relaciones personales o para preservar las metas educativas y vocacionales que hemos planeado. Hay muchas razones para abortar que se pueden comprender. Pero todas ellas son razones secundarias. La razón fundamental por la que abortamos es el egoísmo y la falta de fe en Dios. O como Santiago 4:2 dice: «Desean algo y no lo consiguen. Matan y sienten envidia, y no pueden obtener lo que quieren». No todo el mundo llega a verlo tan honestamente como Kim Flodin, pero en pocas palabras, el aborto tiene que ver con todo esto. El aborto es matar con el fin de obtener algo más. Como tal, el aborto es un sustituto de las oraciones. «No tienen, porque no piden» [a Dios].

En este sentido, el aborto funciona como la «manzana» mortal que seduce a cada Adán y a cada Eva para hacer a un lado la humilde, la alegre dependencia de la provisión de Dios como nuestro Creador. El aborto cuestiona la sabiduría y la bondad de Dios mismo, y sus prerrogativas creadoras. Nos promete el poder para definir nuestras vidas. Desafía su voluntad y declara: «¡Hágase mi voluntad!». Del aborto fluye la culpa por la sangre y la muerte, la cual llena todo nuestro ser.

SIETE

APRECIEMOS Y DEFENDAMOS LA VIDA HUMANA INOCENTE

—※—

¿Cómo tenemos que vivir entonces? ¿Qué debemos hacer si hemos de considerar cada vida como algo precioso? Si tenemos que apreciar y defender la vida humana inocente, ¿qué preceptos divinos deben ser reafirmados? A mí me vienen a la mente tres.

Primero: no debemos derramar sangre inocente

Esta ley ha sido escrita en todos y cada uno de los corazones humanos, en todas y cada una de las culturas, en todas y cada una de las eras. «Lo sagrado de la vida da lugar a la inviolabilidad que desde el principio fue escrita en el corazón del hombre y en su conciencia.

La exclamación "¡Qué has hecho!" (Génesis 4:10), que Dios profiere al dirigirse a Caín después de que este matara a su hermano Abel, interpreta la experiencia de toda persona; en lo profundo de su conciencia, al hombre siempre se le hace un recordatorio sobre la inviolabilidad de la vida —tanto la suya propia como la de los demás— como algo que no le pertenece porque es la propiedad y el regalo de Dios el Creador y Padre».[1]

Lo que parece cierto como ley natural está amplificado en los Diez Mandamientos. Éxodo 20:13 simplemente dice: «No mates». Las leyes civiles de justicia y misericordia, cuando fueron dadas a Israel, incluían: «Manténte al margen de cuestiones fraudulentas. No le quites la vida al que es inocente y honrado, porque yo no absuelvo al malvado» (Éxodo 23:7).

La vida humana, siendo el deleite principal de Dios en su creación, está protegida por estos absolutos morales. Al oponernos al aborto, no estamos imponiendo una moralidad distintiva de la cristiandad. Estamos defendiendo la justicia común que se debe a todas las personas de todas las razas y de todas las creencias (o de ninguna creencia). Todo ser humano de manera innata desea que su vida sea respetada. El derecho a la vida es el fundamento tanto para la justicia civil como para la paz, que abre paso a la libertad para elegir lo que percibimos nos promete la mayor felicidad.

Virginia Ramey Mollenkott, catedrática emérita de la Universidad William Paterson, de Nueva Jersey, se autodenomina «evangélica feminista». Afirma que «la

Biblia no prohíbe el aborto en ningún lugar».[2] En un sentido está en lo cierto. La palabra aborto no aparece en la Biblia. Si exiges una lista explícita de las cosas prohibidas, la Biblia, por supuesto, no prohíbe «conducir en estado de ebriedad» ni la «violencia doméstica», tampoco «matar a niños de cinco años de edad». La Biblia enseña que el aborto es malo al enseñarnos que Dios considera al niño no nacido como una persona, y luego al hacernos un llamado para proteger contra homicidio la vida de todas las personas.

¿Y qué hay de las personas concebidas por violación o incesto? ¿No es el aborto un remedio apropiado en casos así? Tienes que ser inmensamente cruel para no sentir dolor por las víctimas de tal violencia y no anhelar ayudar de alguna manera. Pero es tonto creer que podría servir de algo matar lo que en ese momento Dios está entretejiendo personalmente con gran satisfacción. El derecho a la vida, y la prohibición de matar se levantan como una moral absoluta contra la siempre cambiante marea de emociones y la compasión equivocada que crean «excepciones» que justifican matar al inocente. Nos engañamos a nosotros mismos al argumentar que es incorrecto destruir a un bebé no nacido «excepto en casos de violación o incesto».[3] Las circunstancias externas bajo las cuales se concibe un bebé no cancelan la valía inherente de ese niño.

Dios es el verdadero creador y soberano Señor tanto de Ethel Waters como de un niño concebido en amor. Ethel, la famosa cantante de música evangélica, quien trabajó con Billy Graham durante tantos años, fue concebida cuando su madre fue violada a los doce años de edad.[4] *Toda* vida humana es valiosa y digna de nuestra defensa, porque todos, sin excepción, somos creados a la imagen de Dios. Él es soberano y lleva a cabo su buena y perfecta voluntad incluso a través de los acontecimientos más dolorosos que se nos puedan presentar en el camino. Hacer excepciones es negar la santidad de la ética de la vida, y seguir la calidad de la ética de la vida que en primer lugar incita al aborto.

El mandato divino «No mates» nos prohíbe matar a los seres humanos, ya sea para mitigar su dolor o para liberarlos de pobreza o de un notorio sufrimiento de cualquier tipo. No amamos a personas con enfermedades, o deformaciones o discapacidades *matándolas.* El amor no mata; comparte la carga del dolor y del sufrimiento. Esta es la definición exacta de la compasión: «sufrir con». La respuesta del pueblo de Dios para el problema de la pobreza y la necesidad es responder afirmativamente a Isaías 58:6-7.

El ayuno que he escogido, ¿no es más bien romper las cadenas de injusticia y desatar las correas del yugo, poner en libertad a los oprimidos y romper toda atadura? ¿No es acaso el ayuno compartir tu pan con el hambriento y dar refugio a los pobres sin techo, vestir al desnudo y no dejar de lado a tus semejantes?

En ninguna instancia existe razón alguna que justifique el derramamiento de la sangre de un ser humano inocente.[5]

Segundo, no debemos aceptar el derramamiento de sangre inocente efectuado por otros

En Deuteronomio 21:1-9, Israel es instruido en cuanto a cómo responder ante un asesinato de un hombre inocente cuando este se daba entre ellos. Para determinar la jurisdicción, tenía que medirse la distancia hacia el cuerpo, y la ciudad más cercana tenía que hacerse responsable de este. La vida normal se suspendía. Con gran solemnidad, los líderes espirituales, los sacerdotes y levitas, junto con los líderes judiciales, dirigían al pueblo en rituales elaborados y costosos para asegurarse de que la repulsión de Dios por el derramamiento de sangre inocente fuera un asunto que quedara profundamente impreso en el corazón y mente de las personas.

> Entonces los ancianos de la ciudad más cercana al muerto tomarán una becerra, a la cual nunca se le haya hecho trabajar ni se le haya puesto el yugo. La llevarán a algún valle donde no se haya arado ni plantado, y donde haya un arroyo de aguas continuas, y allí le romperán el cuello.

Para quienes estamos en el liderazgo de la iglesia este pasaje debería ser especialmente instructivo. La muerte de los inocentes requiere de los líderes una interpretación moral, o de lo contrario, la gente se acomodará a ello. ¡Los líderes tienen que liderar! La profunda lección que han de dejar impresa en la gente es que la muerte de los inocentes nos degrada a todos. Al sacar al pueblo de su rutina y llevar a una becerra en perfectas condiciones, y sacrificarla en una propiedad comercial de máximo valor, haciéndola un espacio santo (inutilizable), Israel, en la pérdida de su precioso tiempo y propiedad percibía el aprecio de lo que Dios valora por la eternidad: la vida humana. De manera similar, estas ceremonias reafirmarían el contrato social de ser los guardianes de nuestros hermanos. Le proporcionarían a la comunidad una vía para reafirmar el valor de la vida humana.

Cada vez que los inocentes son asesinados, sin importar quiénes sean, conocidos o desconocidos, grandes o pequeños, la ley de Deuteronomio instruye a los líderes espirituales de la comunidad a que enfaticen la ética pro-vida. La gente tiene que *oír* que tomar la vida de los inocentes, o aceptar pasivamente su muerte, es horripilantemente inaceptable.

Dios dirige a los líderes espirituales de la comunidad a que clara y solemnemente instruyan a la gente respecto al derramamiento de sangre inocente:

Los levitas pasarán al frente...y declararán: «No derramaron nuestras manos esta sangre,

ni vieron nuestros ojos lo ocurrido. Perdona,
Señor, a tu pueblo Israel, al cual liberaste, y
no lo culpes de esta sangre inocente». Así qui-
tarás de en medio de ti la culpa de esa sangre
inocente, y habrás hecho lo recto a los ojos
del Señor (Deuteronomio 21:5, 7-9).

Observa que aun cuando la comunidad no fue directamente culpable del derramamiento de sangre inocente, y que sinceramente podría haber dicho: «Nosotros
no lo hicimos, ni vimos cuándo ocurrió», de todos
modos Israel habría compartido el juicio de Dios *si
los líderes no hubieran guiado al pueblo a renunciar
abiertamente, en forma conjunta, al derramamiento
de sangre inocente.* Al guiar al pueblo por este proceso costoso de volver a sensibilizar sus corazones para
apreciar la vida humana, los líderes espirituales de Israel purgaron la culpa real, por la que, de otra manera,
habrían tenido que responder colectivamente.

Esto es porque la aceptación pasiva de los asesinatos inmediatamente volvería áspero el corazón de todos. Y la dureza del corazón es pecado en sí. Al orar, y
al sacrificar la becerra (precursora de la purgación del
pecado que el sacrificio de Cristo traería), los líderes
de Israel asegurarían el efecto opuesto: que el pueblo
de Dios apreciara la vida inocente.

Esto es lo correcto, o como les dice el versículo 9
tanto a los líderes como al pueblo en conjunto: «habrás hecho lo recto a los ojos del Señor». Creo que
para el pueblo de Dios esto significa que es correcto y

necesario que en ocasiones nos lamentemos abierta y colectivamente, y volvamos a comprometer nuestras vidas con el fin de considerar preciosa cada una de ellas. Y esto significa que es bueno y necesario que los líderes lleven al pueblo de Dios a través de este proceso de aflicción y de un nuevo compromiso. Y está mal si no lo hacemos.

Con relación al aborto, hoy en día estamos enfrentando la muerte de los inocentes, y esto nos degrada a todos, solo que no lo percibimos ni lo sentimos. Si nosotros, como líderes espirituales, no llamamos la atención de nuestra gente, y no la llevamos a lamentarse y a llorar la pérdida, entonces el corazón endurecido de todos nosotros se endurecerá cada vez más. La paz que sentimos no será paz, sino muerte. Finalmente, todo un libro de la Biblia está reservado para una *lamentación* colectiva.

También debemos apartar un tiempo para enfocarnos en lo que significa la pérdida de la vida. Debemos retar a la gente a que haga sacrificios económicos para aquellos esfuerzos que reafirmen el valor de la vida en la cultura popular. Debemos hacerlo no solo para que tales ministerios puedan florecer, sino que también debemos hacerlo por nuestro propio bien, para que nuestros corazones no se vuelvan más ásperos, conforme a la cultura popular. Cuando Jesús dijo: «Porque donde esté tu tesoro, allí estará también tu corazón» (Mateo 6:21), es nuestro corazón lo que tenía en mente.

Además de afligirnos en forma colectiva por el derramamiento de sangre de los abortos, y públicamente reconocer el daño que nos ha causado y la culpa que nos ha traído a todos, cada comunidad que profesa fe, puede apartar y dedicar ciertos espacios para la reafirmación de nuestro compromiso de apreciar y defender la vida humana inocente. A los israelitas se les dieron instrucciones de apartar una propiedad —«un valle... donde haya un arroyo de aguas continuas»— precisamente para este propósito. Con frecuencia, la comunidad cristiana extrae del uso comercial a algunos centros de atención a embarazos en crisis, y los dedican a proveer asistencia afirmadora-de-vida a mujeres y a parejas con un embarazo conflictivo. Este esfuerzo pro-activo se hace en cumplimiento al mandamiento de Dios de realmente *rescatar* a los inocentes.

Tercero: debemos defender a los débiles y rescatar a los inocentes

En Lucas 10:37, Jesús ilustra el amor auténtico al señalar la intervención personal del buen samaritano y dar el mandato siguiente: «Anda entonces y haz tú lo mismo».

Esta es la ley del amor; fluye *del* amor a Dios *hasta* el amor a nuestro prójimo. Sin duda, tan absoluta es la fuente y la trayectoria del amor de Dios, que el amor al prójimo es el terreno de prueba del amor a Dios. «Si alguien ... ve que su hermano está pasando necesidad, y no tiene compasión de él, ¿cómo se puede decir que el amor de Dios habita en él?» (1 Juan 3:17). No es posible. Para ilustrarlo, Jesús dijo esta parábola:

—Bajaba un hombre de Jerusalén a Jericó, y cayó en manos de unos ladrones. Le quitaron la ropa, lo golpearon y se fueron, dejándolo medio muerto. Sucedió que viajaba por el mismo camino un sacerdote quien, al verlo, se desvió y continuó su camino. Así también llegó a aquel lugar un levita, y al verlo, se desvió y siguió su camino. Pero un samaritano que iba de viaje llegó adonde estaba el hombre y, viéndolo, se compadeció de él. Se acercó, le curó las heridas con vino y aceite, y se las vendó. Luego lo montó sobre su propia cabalgadura, lo llevó a un alojamiento y lo cuidó. Al día siguiente, sacó dos monedas de plata y se las dio al dueño del alojamiento. «Cuídemelo —le dijo—, y le pagaré los gastos adicionales cuando yo vuelva».

El amor es una fuerza poderosa en el corazón humano. El amor ve a la gente como vecinos o hermanos, no como extraños o seres inexistentes. El amor nos hace estar dispuestos a ver los conflictos de los demás, cuando el interés personal prefiere ignorarlos. El amor nos acerca a la crisis. Sin amor, la evitamos. El amor se aflige y llora; es movido a compasión y piedad, pero no se satisface solo con el remordimiento.

Quizá el sacerdote y el levita, mientras iban apurados a su estudio bíblico o a su reunión de oración o a cualquier cosa que haya estado en sus horarios, murmuraron…: «Qué triste, qué terrible. El mundo cada vez está peor». No obstante, el amor genuino no solamente siente pesar por la muerte, sino que se acerca a la muerte —no se aleja de ella. El amor se apresura a ponerse en la brecha al igual que los glóbulos blancos se apresuran a ir a una herida. El amor hizo que el samaritano se detuviera y *se acercara.* El amor *levantó* al hombre, *vendó* sus heridas, lo *puso* en un burro, y lo *llevó* a un alojamiento. Cuando el dueño del alojamiento le preguntó: «¿Y a quién le hago llegar la cuenta?», el amor respondió: «Bueno, hasta que pueda averiguar quién es este hermano y qué recursos tiene, envíame la factura a mí». El amor *pagó* la cuenta. Esto es el cristianismo en verbos.

Por esta razón, no es suficiente decir: «Yo no he abortado»; al igual que las demandas de amor no habrían sido satisfechas si el samaritano hubiera dicho: «Bueno, yo no he golpeado a este hombre». El amor exige más y otorga más poder.

El amor exige participación personal a expensas de planes determinados y de horarios. El amor pregunta: «¿Qué requiere de mí la ley del amor en esta situación?». Entonces, aquellos que aman a Dios hacen lo mejor que pueden.

Cuando Jesús nos dio el mandato de «Anda entonces y haz tú lo mismo» (Lucas 10:37), fácilmente podría haber citado solo las Escrituras. Podría haber señalado el Salmo 82:3-4:

Defiendan la causa del huérfano y del desvalido;
al pobre y al oprimido háganles justicia.
Salven al menesteroso y al necesitado;
líbrenlos de la mano de los impíos.

Podría haber citado Proverbios 31:8-9:

¡Levanta la voz por los que no tienen voz!
¡Defiende los derechos de los desposeídos!
¡Levanta la voz, y hazles justicia!
¡Defiende a los pobres y necesitados!

Valentía requerida y suplida

El amor es tan poderoso que levantará la voz por aquellos que no tienen voz. El amor defenderá a aquellos que son oprimidos y coaccionados por otros. El amor salvará al inocente de aquellos que lo lastimen. Por supuesto nada de esto podría suceder a menos que el amor también produzca valentía. Y lo hace.

Al darnos estos mandamientos, Dios reconoce que hay veces que apreciar y defender la vida humana inocente puede costarnos muy caro. Nos da esta orden, sin embargo, porque también nos promete suplir la fe y la valentía que se necesitan para llevarlo a cabo. Proverbios 24:10-12 dice:

Si en el día de la aflicción te desanimas,
muy limitada es tu fortaleza.

> Rescata a los que van rumbo a la muerte;
> detén a los que a tumbos avanzan al suplicio.
> Pues aunque digas «Yo no lo sabía»,
> ¿no habrá de darse cuenta el que pesa los corazo-
> nes? ¿No habrá de saberlo el que vigila tu vida?
> ¡Él le paga a cada uno según sus acciones!

Este «día de la aflicción» es algo serio y desafiante; los inocentes están siendo masacrados. Podría tratarse de asesinatos aprobados por el estado, o de la acción ilegal de pandillas o individuos malvados. No se da ningún «contexto» para el mandamiento que dice «rescata a los que van rumbo a la muerte». Si se describiera un contexto específico, podríamos limitar la aplicación del mandamiento a ese grupo, en lugar de aplicarlo cada vez que *cualquier* individuo o grupo sea despojado de su condición humana, y sea asesinado para servir a los propósitos de otros. Por muy difícil o costoso que pueda ser, en tiempos como estos se nos ordena que nos opongamos activamente a la masacre de los inocentes y los rescatemos si es posible.

De manera extraña, sabremos con precisión cuándo aplicar este pasaje de Proverbios por la manera en que nos convencemos a nosotros mismos que no viene al caso. El versículo 12 dice: «Pues aunque digas "Yo no lo sabía", ¿no habrá de darse cuenta el que pesa los corazones?» El objetivo directo de este versículo es la cobardía vestida de ignorancia o de activismo. Cuando nos decimos a nosotros mismos *Yo no sabía, no me di cuenta, no tenía ni idea,* es hora de ser sinceros.

Tenemos miedo de saber la verdad.

Todos nosotros tenemos entendido, por intuición, que si defendemos a una persona inocente que está bajo un ataque inminente, su opresor ya no nos va a tratar con amabilidad. Por ejemplo, si veo que un hombre está golpeando a una mujer y voy en su ayuda, probablemente yo también reciba una paliza.

Cuando el estado no reconoce como humanos a un grupo de personas, y aprueba su «exterminación», levantar la voz a su favor es costoso; puede ser peligroso para nuestra propia vida, y requiere valentía de nuestra parte. Proverbios 24:12 nos enseña que se requiere valentía. También nos enseña que la valentía es suplida por medio de nuestra *fe* en *Dios*.

El versículo 12 dice: «¿No habrá de darse cuenta el que pesa los corazones? ¿No habrá de saberlo el que vigila tu vida? ¡Él le paga a cada uno según sus acciones!». Yo no considero que estas palabras estén recomendando alguna fórmula meritoria para la gracia salvadora. La fe en Dios es salvadora. Y en «el día de la aflicción» nuestra fe en Dios se demuestra por la seguridad y confianza que se encuentran al decir: «Dios está vigilando mi vida». Las personas con este tipo de fe en Dios están entonces libres para auxiliar a otros: en este caso, a los desvalidos y a los inocentes. Fracasar en hacerlo significa que nuestra confesión de fe es evidentemente poco profunda y vacía, («Si en el día de la aflicción te desanimas, muy limitada es tu fortaleza»). Por consiguiente, Dios nos juzgará faltos de fe por nuestras acciones cobardes, o llenos de fe por nuestra valentía moral. Si ponemos nuestra fe en Dios, tendremos la valentía necesaria para rescatar a los inocentes.

Martín Lutero dijo:

> Si con voz más fuerte y con una exposición más clara, yo profeso cada porción de la verdad de Dios, excepto precisamente en aquel punto en que el mundo y el diablo están atacando en determinado momento, no estoy confesando a Cristo. Donde la batalla se embravece, ahí se prueba la lealtad del soldado; y el mantenerse firme en todos los demás frentes de batalla es mera huída, y una desgracia si retrocede en ese punto.[6]

En esta cultura postmoderna, ser cristiano es bastante fácil, excepto cuando se trata de apoyar fielmente el señorío de Dios sobre asuntos concernientes a la sexualidad y a la vida. En estos puntos, estamos retrocediendo. Nuestro «día de la aflicción» llega cuando fielmente defendemos el derecho de Dios a definir y gobernar nuestra sexualidad, y cuando confirmamos el valor de cada una de las vidas de quienes no han nacido. La gran prueba de nuestra fidelidad es si nos congraciaremos con los hombres al permanecer en silencio y al ser tímidos, o si vamos a complacer a Dios levantando la voz a favor de los más pequeñitos de nuestros hermanos y hermanas, defendiéndolos y rescatándolos de la violencia del aborto.

¿Cuál de estos fue el buen vecino?

Yo creo que los ejemplos históricos ayudan mucho para inspirarnos a apreciar y defender la vida humana. En cada etapa, el ataque varía su objetivo; pero desde Adán y Eva, y Caín y Abel, ha habido una constante: la muerte siempre ha sido vista como una solución a los problemas. Antes de volver al reto de la actualidad, fijémonos en algunas personas que ya han enfrentado la gran prueba.

Eva Fogalman, en su libro *Conscience and Courage: Rescuers of Jews During the Holocaust* [Conciencia y valentía: rescatadores de judíos durante el Holocausto], nos da un ejemplo glorioso de lo que significa «anda entonces y haz tú lo mismo» para aquellos que están comprometidos a cumplir la ley del amor.

En 1942 Wladyslaw Misiuna, un adolescente de Radom, Polonia, fue reclutado por los alemanes para ayudar a las internas del campo de concentración Fila Majdanek a establecer una granja de conejos para proveer de pieles a los soldados en el frente ruso. Wladyslaw se sintió responsable de las treinta mujeres jóvenes que él supervisaba; les llenaba los bolsillos de la chaqueta de pan, leche, zanahorias y papas que robaba, y les pasaba la comida de contrabando. Un día una de sus trabajadoras, Devora Salzberg, contrajo una misteriosa infección. Wladyslaw estaba consternado, pues los alemanes matarían a la mujer si descubrían las lesiones abiertas en sus brazos. Wladyslaw sabía que para salvar a Devora, tenía que curarla. Pero ¿cómo? Entonces tomó el camino más sencillo. Se infectó a sí mismo con la sangre de ella y fue a la ciudad a ver a un médico, quien le recetó un medicamento que Wladyslaw luego compartió con Devora. Ambos sanaron y ambos sobrevivieron a la guerra.[7]

Cuando me pregunto qué es lo que glorifica a Dios en esta historia y satisface mi alma, se me ocurren varias razones. Misiuna eligió el bien sobre el mal. Demostró un compromiso claro de apreciar y defender la vida humana inocente. Mostró una gran valentía moral. Fue práctico, y sin embargo creativo en este plan salvador-de-vida. Pero sobre todo esto, sus acciones imitan el evangelio mismo de Jesucristo. «Nadie tiene amor más grande que el dar la vida por sus amigos» (Juan 15:13).

En contraste, fíjate en otra historia del mismo «día de la aflicción». En *El refugio secreto*, Corrie Ten Boom escribe sobre la época en que su familia albergó a una joven madre judía y a su bebé. Cuando el pastor de la localidad fue a visitarlos, Corrie presentó la gran prueba delante de él.

«¿Estarías dispuesto a aceptar a una madre judía y a su bebé en tu casa? De otra manera, las arrestarán con toda seguridad».

La cara del hombre enrojeció. Dio un paso atrás, alejándose de mí. «¡Señorita Ten Boom! Realmente espero que usted no esté involucrada con ninguno de estos escondites ilegales y actividades clandestinas. ¡No es seguro! ¡Piense en su papá! ¡Y en su hermana; ella nunca ha sido fuerte!».

Movida por el impulso le dije al pastor que esperara, y subí las escaleras corriendo… Le pedí a la madre permiso para tomar al bebé… De regreso al comedor jalé el cobertor para descubrir el rostro del bebé.

Hubo un silencio prolongado. El hombre se inclinó hacia adelante, y a pesar de sí mismo, su mano se extendió para tocar la manita apretada alrededor de la cobija. Durante un momento, vi la compasión y el miedo luchar en su rostro. Luego se enderezó. «No. Definitivamente no. ¡Podríamos perder nuestras vidas por este niño judío!».

Sin que ninguno de los dos lo hubiéramos notado, mi padre había aparecido y estaba en la entrada. «Dame al niño, Corrie», dijo.

Mi padre abrazó al bebé con mucha fuerza, con la barba blanca rozándole la mejilla… Por fin levantó la vista para ver al pastor. «Usted dice que podríamos perder nuestras vidas por este niño. Yo lo consideraría el honor más grande que pudiera tener mi familia».

Bruscamente, el pastor dio la vuelta girando sobre sus talones y salió del lugar.[8]

En un relato tenemos a un adolescente; en el otro, a un pastor experimentado y capacitado. Ahora bien, ¿cuál de estos fue un buen prójimo? ¿Cuál cumplió la ley del amor? ¿Cuál de estas historias hace que la fe cristiana sea irresistiblemente atractiva? ¿Cuál es poco memorable (junto con su fe)? ¿Cuál debemos seguir nosotros en nuestro «día de la aflicción», no importando cuán impopular o costoso sea?

Solo la clase de comunidad cristiana que aprecia y defiende la vida humana inocente podrá hablar con autoridad y de manera atrayente acerca de la necesidad de una nueva vida transformada. Si no amamos y defendemos a los inocentes, no tendremos ninguna autoridad moral para hablar del amor de Dios hacia los culpables. La ley del amor los hace inseparables. Y como amamos tanto al inocente como al culpable, y como vivimos en una cultura de muerte con sus siempre-endurecidos corazones de incredulidad, debemos seguir el consejo de Winston Churchill cuando declaremos el evangelio a los culpables, y declaremos protección para los débiles:

> Si tienes algo importante que señalar, no intentes ser delicado o ingenioso. Utiliza un mazo pesado. Dale a ese punto una vez; luego regresa y dale otra vez; después da un tercer golpe, un tremendo porrazo.[9]

LA HISTORIA DEL PUEBLO DE DIOS QUE APRECIA Y DEFIENDE LA VIDA HUMANA INOCENTE

—◆◆◆—

A lo largo de la historia, el pueblo de Dios ha declarado la guerra del amor contra todas las cosas que destruyen el cuerpo y el alma. Empezando por el registro bíblico, vemos un largo y glorioso registro de personas que apreciaron y defendieron la vida humana inocente.

Rubén salvó a José de que lo mataran sus propios hermanos (Génesis 37:21-22). Las parteras salvaron a los bebés del infanticidio de Faraón (Éxodo 1:17). Los soldados de Saúl libraron a Jonatán de ser asesinado (1 Samuel 14:45). Abdías rescató a cien profetas de las manos de Jezabel, y les proporcionó alimento y refugio (1 Reyes 18:4). Ester arriesgó su vida para salvar a su pueblo de un llamado real (legalizado) para el genocidio (Ester 4:14; 7:3-4).

Todos estos héroes de Dios entendieron la ley del amor. Entendieron las demandas que hace el amor. No retrocedieron por miedo a las consecuencias que les reportaría la obediencia a la ley del amor.

El cristianismo, desde sus inicios, ha presentado una batalla feroz y permanente contra las antiguas prácticas implacables del paganismo: aborto, infanticidio, exposición y abandono de bebés inocentes.

El mundo en el cual fue sembrado el cristianismo no veía mal estos crímenes. En Roma los bebés eran abandonados afuera de las murallas de la ciudad para que murieran por la exposición al aire libre o se convirtieran en alimento de las bestias salvajes. Los brebajes, los abortivos preparados con hierbas, los pesarios y los venenos están bien documentados en las culturas griega, persa, china, árabe y egipcia. El infanticidio se volvió un rito entre los pueblos cananeos: quemaban a los bebés en piras como ofrendas a Moloc. El historiador George Grant dice que en la época de Cristo no solamente el aborto, el infanticidio, la exposición y el abandono eran comunes en todas las culturas del mundo, sino que ninguno de los intelectuales de ese tiempo veía nada malo en ello.

Ninguna de las grandes mentes del mundo antiguo —desde Platón y Aristóteles hasta Tito Livio y Cicerón, desde Heródoto y Tucídides hasta Plutarco y Eurípides— de ninguna manera denigró el asesinato de niños. De hecho, la verdad es que la mayoría de ellos lo recomendaron.[1]

Entonces vino Cristo, y el Espíritu que lo llevó a soportar la cruz en obediencia y lo levantó de entre los muertos llenó el corazón de sus seguidores. Inmediatamente los cristianos comenzaron a apreciar y defender la vida humana inocente.

La evidencia de esto surge justo en las primeras generaciones de cristianos. La *Didaché* es uno de los documentos más antiguos que tenemos de la comunidad cristiana. Fue escrito aproximadamente en la misma época que el libro de Apocalipsis, cerca del final del siglo I. Entre muchas de sus instrucciones está un llamado para apreciar y defender la vida humana inocente.

Hay dos caminos diferentes: el camino de la vida y el camino de la muerte, y la diferencia entre estos dos caminos es grande. Por consiguiente, no asesines a un niño mediante un aborto ni mates a un niño recién nacido.[2]

Clemente de Alejandría, Tertuliano, San Ambrosio de Milán, Jerónimo de Estridón —todos líderes clave de la iglesia primitiva— con vigor y consistencia decían lo que pensaban contra la inhumanidad del aborto, e hicieron un llamado a la iglesia para que dejara de practicarlo.

San Agustín, los hombres, y la culpabilidad del aborto

San Agustín expuso la responsabilidad moral que los hombres tienen en el aborto. «Para asegurar la esterilidad, ellos incitan a las mujeres a recurrir a métodos tan extravagantes como el uso de drogas ponzoñosas; o, de lo contrario, si no tienen éxito en esto, las incitan a asesinar al niño no nacido».[3]

Los hombres continúan siendo la razón número uno por la que las mujeres eligen el aborto en lugar de dar a luz. Los hombres favorecen el aborto más que las mujeres. En 1994 una encuesta Roper reveló que el 48% de los hombres estaban en pro del aborto, mientras que solo el 40% de las mujeres lo favorecían. En 1998, en una encuesta Writhlin, las mujeres expresaron una y otra vez estar en pro de la vida (61%), más que los hombres (53%). De acuerdo con esta misma encuesta, los hombres también tenían más tendencia a pensar que el aborto mejoraba las relaciones entre un hombre y una mujer, mientras que la mayoría de las mujeres no estuvieron de acuerdo.

Consciente o inconscientemente, el aborto permite que los hombres caigan más en la promiscuidad sexual, puesto que permite resolver las temidas complicaciones de un bebé. Por esta razón, las primeras feministas, tales como Susan B. Anthony, ardientemente se opusieron al aborto solo como otro medio para que los hombres exploten a las mujeres. «Deploro el horrible crimen del asesinato de niños», escribió, «pero, ¡ah, tres veces culpable es aquel que la llevó a la desesperación que la impulsó a hacerlo!».[4]

Después de hablar con cientos de mujeres con embarazos conflictivos, y con miles más por medio de nuestro personal, puedo asegurarte que los hombres son decisivos en la decisión del aborto. La siguiente historia de una joven angustiada es típica:

> Mi familia no apoyaba mi decisión de quedarme con el bebé. Mi novio decía que no me daría ninguna ayuda emocional o financiera en absoluto. Todas las personas que importaban me decían que abortara. Cuando yo decía que no quería, empezaban a darme una lista de las razones por las que debería hacerlo: que tendría consecuencias perjudiciales en mi carrera profesional y en mi salud, y que no tendría vida social y ningún futuro con los hombres. ¿Podría arreglármelas sola de verdad? Comencé a sentir que quizá estaba loca por querer quedarme con él.
>
> Finalmente les dije a todos que abortaría… Estaba asustada por no hacerlo, por cómo se sentían mi familia y mi novio. Estoy tan enojada conmigo misma por ceder a la presión de

los demás. Simplemente me sentía demasiado sola con mis sentimientos en cuanto a tener a mi bebé.[5]

De acuerdo con Frederica Mathewes-Green en su libro *Real Choices* [Decisiones reales], un elevado número de mujeres (38.2%) recurren al aborto en respuesta a la presión de un esposo o de un novio.[6] El sociólogo Dr. David Reardon, en su libro *Aborted Women, Silent no More* [Mujeres que han abortado, no guarden más silencio], escribe: «Las opiniones y las presiones de los demás desempeñaron un papel notable en la decisión final de la mayoría de las mujeres que abortaron ... *casi el 55% de las encuestadas sentían que otros las habían "forzado" a abortar*» (las itálicas son originales).[7] El 51% de veces esta otra persona era el esposo o el novio.[8]

El Dr. Phillip Ney, un canadiense que se dedica a la investigación de los efectos psicológicos del aborto, reporta que en un primer embarazo, si el compañero de una mujer está presente pero no apoya, ella tiene cuatro veces más probabilidades de abortar; si el compañero está ausente tiene seis veces más probabilidades de abortar. Durante un segundo embarazo, si el compañero está presente pero no apoya, hay un aumento del 700% de probabilidades de aborto; y si el compañero está ausente, hay un aumento del 1800% de probabilidades de aborto.[9]

Aun cuando los hombres insistan en tener al bebé y prometan su apoyo, y sea la madre quien esté decidida a abortar, las madres me dicen con frecuencia que es porque no creen en las promesas del padre. Les preocupa que el padre abandone sus responsabilidades una vez que el bebé haya llegado. Así que, incluso en esta situación, el hombre es el factor decisivo.

Hace mucho tiempo, San Agustín apeló a la comunidad cristiana para que interviniera. Si lo vamos a hacer, debemos entender que el aborto es básicamente un movimiento de *hombres*. Debemos confesar nuestra propia culpabilidad por el pecado del aborto. Debemos alcanzar a los jóvenes con una visión moral para la sexualidad, una que sea persuasiva —que trate a las jóvenes «como hermanas, con toda pureza» (1 Timoteo 5:2). Debemos incitar una visión e inspirar una pasión en cada uno de los padres para que provean para sus propios hijos, y los protejan.

Basilio de Cesarea, un ejemplo pastoral

San Basilio (329-379), el gran héroe patriarca de la división griega ortodoxa de la iglesia, fue sin duda el líder más grande de su época. Era maestro y experto en la Biblia, escribió panfletos y libros en defensa del cristianismo ortodoxo, y en contra de la herejía de sus días, el arrianismo, el cual negaba la humanidad completa de Jesús. Era un pastor dedicado y activo dentro de su gran iglesia parroquial; llevaba a cabo dieciocho cultos a la semana (excepto en Navidad y Pascua, cuando dirigía todavía más). Enseñaba a los jóvenes, visitaba a los enfermos, y mantenía al día una copiosa correspondencia.

Basilio se quedó horrorizado al descubrir una asociación de partidarios del aborto que operaba en su ciudad; también se enfureció. Se quedó aun más horrorizado al enterarse de que estos partidarios del aborto
estaban recogiendo restos de fetos y vendiéndolos
a los cosmetólogos de Egipto, quienes los añadían
a varias cremas para la salud y la belleza, que ellos
producían. Todo esto, incluyendo el aborto en sí, era
«legal».

Y lo que era peor: no se trataba de nada excepcional
o poco común en la cultura romana. George Grant explica:

> De acuerdo con la tradición de los *pater fa-
> milias* de hace siglos, el nacimiento de un ro-
> mano no era un hecho biológico. Los niños
> eran recibidos en el mundo solamente si la
> familia quería. Un romano no *tenía* un hijo;
> *tomaba* un hijo. Inmediatamente después del
> nacimiento, si la familia decidía no criar al
> hijo —literalmente, levantándolo por encima
> de la tierra— se le abandonaba sin más. Había
> lugares altos o murallas especiales fuera de la
> mayoría de las ciudades romanas, donde el re-
> cién nacido era llevado y expuesto a morir.[10]

San Basilio respondió a esta inhumanidad aportando
un liderazgo pastoral. Condujo los recursos de la comunidad cristiana hacia acciones salvadoras-de-vidas
y cambia-vidas.

1. Dio una serie de sermones, utilizando las Escrituras para afirmar la santidad de la vida humana y la humanidad de los niños no nacidos.

2. Apeló a la comunidad cristiana para que dejara de abortar a sus propios bebés, y le hizo un llamado para que defendieran activamente la vida inocente ayudando a las madres con embarazos conflictivos a encontrar la ayuda que necesitaban para dar vida. En otras palabras, inspiró a la iglesia a hacer el trabajo y el ministerio de los centros de atención a embarazos en crisis y de los hogares para madres solteras.

3. Recurriendo a su poder e influencia, lanzó una batalla legislativa para criminalizar el aborto.

4. Lanzó un programa educativo para enseñar a toda la ciudad sobre el valor de la vida humana, y para estigmatizar y denunciar el aborto entre la población general.

No puedo figurarme cómo mejorar este ejemplo en nuestra era. No puedo imaginar ningún éxito considerable para que el aborto se descarte y deje de ser legítimo en nuestra época, excepto que nuestros líderes hagan un llamado a sus iglesias para apreciar y defender la vida humana mediante las mismas vías de acción recomendadas por San Basilio. La batalla no es nueva; simplemente es *nuestro* turno. En San Basilio tenemos un gran ejemplo a seguir.

El Emperador Valentiniano I, en respuesta al trabajo de Basilio, criminalizó las cuatro maldades: el aborto, el infanticidio, la muerte por exposición, y el abandono. En el año 374 de nuestra era declaró: «Todos los padres deben apoyar a los hijos que conciben; aquellos que sean brutales con ellos o los abandonen deberán estar sujetos a la pena total prescrita por la ley».[11]

«Por primera vez en la historia de la humanidad», escribe George Grant, «el aborto, el infanticidio, la muerte por exposición, y el abandono se constituyeron como ilegítimos. La asociación de partidarios del aborto se vio forzada a trabajar clandestinamente, y con el tiempo, su negocio terminó por completo. La tradición de los *pater familias* dio un vuelco. Los muros para la muerte por exposición fueron destruidos, y los lugares altos fueron reducidos a un nivel más bajo. Cuando murió San Basilio, solo cuatro años después, a la edad de cincuenta años, no solo había dejado su huella en la iglesia, sino que también había alterado el curso de la historia humana».[12]

Justiniano I y la opción de la adopción

Conforme las verdades cristianas permeaban el mundo occidental, las prácticas paganas del aborto, el infanticidio, la muerte por exposición y el abandono continuaban censurándose. En el siglo VI, el emperador Justiniano (483-565) descubrió que las leyes que protegían la vida inocente se contradecían, y no eran homogéneas.[13] Entonces se dio a la tarea de codificar el derecho a la vida.

Su legislación prohibía el aborto y protegía a las víctimas de circunstancias difíciles. La adopción se motivaba apasionadamente. Hizo las siguientes declaraciones:

> Aquellos que expongan a sus hijos, posiblemente esperando que mueran, y aquellos que utilicen las pociones de los partidarios del aborto están sujetos a la pena completa de la ley… Si se somete a un niño a exposición, el que lo encuentre tiene que ver que sea bautizado y que sea tratado con cuidados y compasión cristianos. Pueden ser incluso adoptados como *ad scriptitiorumae* como nosotros mismos hemos sido adoptados en el reino de gracia.[14]

Nada me parece más natural, siendo yo alguien que ha sido aceptado en la familia de Dios, que la adopción. Después de todo, aparte de compararla con el matrimonio, la adopción es el punto de comparación más prominente que se utiliza para describir la gloria misma del evangelio. Pablo resume el evangelio, diciendo: «Alabado sea Dios, Padre de nuestro Señor Jesucristo, que … nos predestinó para ser adoptados como hijos suyos por medio de Jesucristo…» (Efesios 1:3, 5). Juan entendió que la alegría del evangelio emana de la disposición de Dios para adoptarnos y otorgarnos el título de hijos e hijas, y dijo: «Mas a cuantos lo recibieron, a los que creen en su nombre, les dio el derecho de ser hijos de Dios» (Juan 1:12). La Gran Comisión en sí (Mateo 28:18-20) está basada en el deseo placentero de Dios de adoptar a más y más personas, y convertirlas en sus hijos. No debe asombrarnos que hace siglos Justiniano I pensara que adoptar a los «no deseados» fuera la más natural de todas las obligaciones cristianas.

Tristemente, hoy en día la opción de la adopción es alarmantemente poco común entre las mujeres con un embarazo no planeado. El índice de adopciones que algunos centros de atención a los embarazos en crisis están viendo entre las madres que asisten es de un 10%. En Boston nosotros no nos hemos acercado a ese éxito. Cuando nuestras madres eligen la adopción, es uno de los momentos más gratificantes en el trabajo a favor de la vida. Las madres que dan a luz, y los padres adoptivos se juntan. Lágrimas de tristeza y lágrimas de alegría fluyen al mismo tiempo. Cada uno está agradecido con el otro. Las palabras no salen fácilmente. Titubean, y el aire se llena de esperanzas eternas. La vida es difícil, pero está llena de gloria.

La Edad Media y el domingo dedicado a la santidad de la vida humana

Durante la denominada Edad Media, la iglesia añadió la festividad de los Santos Inocentes a su calendario litúrgico. Mateo 2:16 habla de la ira de Herodes por el nacimiento de Cristo. Con la esperanza de eliminar esta «amenaza» para su reino, Herodes ordenó la masacre de todos los niños de Belén, y del área circundante, que tuvieran dos años de edad o menos. El

dolor desgarrador de sus madres había sido profetiza-
do —«Se oye un grito en Ramá, llanto y gran lamentación; es Raquel, que llora por sus hijos y no quiere
ser consolada; ¡sus hijos ya no existen!» (Mateo 2:18;
ver Jeremías 31:15).

Al señalar la festividad de los Santos Inocentes, la
iglesia buscaba asegurarse de que sus líderes tuvieran
ocasión de recordarle a la gente que apreciara y defendiera la vida humana inocente.

Hoy en día, tanto en las iglesias litúrgicas como en
las no litúrgicas, cada vez se realiza con más frecuencia la práctica de designar el tercer domingo de enero
como el domingo dedicado a la santidad de la vida
humana. El día se eligió como un recordatorio solem-
ne de que el 22 de enero de 1973 el Tribunal Supremo
de los EE. UU. dictaminó que el niño no nacido no
era persona y podría ser abortado por cualquier razón, o por ninguna. Las iglesias de todas las denomi-
naciones están recurriendo a esta ocasión anual para
proclamar el mensaje de vida, y para inspirar a los
voluntarios a llevar a cabo la gran obra de defender a
los no nacidos.

El evangelio de Juan Calvino: Defender al inocente, ofrecer esperanza a los culpables

Juan Calvino (1509-1564), el líder de la reforma suiza,
se apasionaba al defender la vida humana inocente.

El niño no nacido… aunque esté confinado en

el vientre de su madre, ya es un ser humano...
y no debe ser privado de la vida que todavía
no ha comenzado a disfrutar. Si se considera
más horrible matar a un hombre dentro de su
propia casa que en un campo abierto, porque
la casa de un hombre es su lugar de refugio
más seguro, con toda seguridad debe estimar-
se que es más atroz destruir en el vientre a
un niño no nacido, antes de haber sido dado
a luz.[15]

Calvino apeló a la iglesia a que fuera tan diligente y
devota para la preservación de los inocentes como lo
era para la preservación y propagación del mensaje
del evangelio a los culpables. Les hizo un llamado
para que, si era necesario, sufrieran por ambas cosas.

Hago la aclaración de que sufren persecución
por la justicia no solo los que padecen por defender el evangelio, sino los que de una forma u otra apoyan las causas justas. Por consiguiente, sea por declarar la verdad de Dios
contra las falsedades de Satanás, o por com-
prometernos a proteger a los buenos y a los
inocentes contra las fechorías de los malos,
debemos soportar las ofensas y el odio del
mundo, lo cual puede poner en peligro nuestra vida, nuestros bienes o nuestro honor.[16]

La resolución de San Ignacio de Loyola

Ignacio de Loyola (1491-1556) fue uno de los líderes más prominentes de la Contrarreforma durante la misma época en la que Calvino hacía un llamado a las reformas. San Ignacio de Loyola hizo un llamado a la iglesia para enfrentar la verdad del aborto de manera directa y tomar una resolución para hacer algo al respecto.

La vida es el regalo más precioso de Dios. El aborto… no es meramente una tiranía horrenda, sino que también difama la integridad de Dios. Si tenemos que sufrir, hasta morir si fuera necesario, tal rebelión contra el cielo no debe estar libre para seguir su terrible curso.[17]

El recordatorio de Vicente de Paul de que los mandamientos de Dios no son una carga

En París, el pastor Vicente de Paul llevó a su iglesia a demostrar su compromiso de considerar todas las vidas preciosas, al lanzar ministerios especiales para ayudar a esclavos de las galeras, a ancianos abandonados, a hijos no deseados, y a presidiarios. En 1652, de Paul se enteró de una sociedad de partidarios del aborto que operaba en los barrios bajos de París. Vicente, desde su púlpito, llamó la atención enérgicamente haciendo una demanda a los que afirmaban seguir la ley del amor.

Les recordó a las personas que era forzoso trabajar a favor de la vida; que a la iglesia se le ordena rescatar a los inocentes. También les recordó que los mandamientos de Dios no son una carga; más bien son profundamente satisfactorios:

> Dondequiera que se reúna el pueblo de Dios, hay vida en medio de ellos. Sí, el regalo de Cristo para nosotros, su pueblo, es vida, y la da más abundantemente. Proteger a los menores de ellos, de nuestros hermanos, no es meramente facultativo, sino que es una exigencia. Aunque esto está, por añadidura, entre lo más grande y lo más satisfactorio de nuestras diversas actividades ministeriales.[18]

William Carey, misionero para los inocentes

Kenneth Scott Latourette, el famoso historiador de la iglesia, llamó al siglo XIX el Siglo Glorioso. Para los protestantes se trata de la era de las misiones modernas. El padre de este movimiento es William Carey (1761-1834), famoso por su declaración: *Espera grandes cosas de Dios, intenta grandes cosas para Dios.*

Carey, que adquirió el oficio de su familia, zapatero, salió de Inglaterra para llevar el evangelio a la India. Ahí pasó cuarenta años. La India moderna le debe mucho a la pasión, la humildad, la innovación y el compromiso con la vida que Carey llevó consigo.

Vishal y Ruth Mangalwadi, en su libro *The Legacy of William Carey* [El legado de William Carey] resumen las notables contribuciones que le aportó a la India moderna.[19] Señalan que Carey fue especialista en botánica, y una de las tres variedades de eucalipto que hay en la India lleva su nombre: *Careya Herbacea.* De acuerdo con la predicación del evangelio de Carey, toda la creación es buena y apunta hacia la gloria de Dios. Publicó los primeros libros de historia natural en la India para enfatizar la expresión: «todas tus obras te alaban, Oh, Señor».

Carey fue empresario. Ayudó a introducir la máquina de vapor en la India, y fue el primero en producir papel autóctono para imprimir y publicar libros.

Carey fue economista. Con la creencia de que Dios odiaba la usura, y viendo los persistentes efectos empobrecedores de los préstamos con tasas de interés del 36 al 72%, Carey introdujo en la India la idea de los bancos para el ahorro.

Carey fue publicista; llevó a la India la ciencia moderna de la publicidad impresa. Estableció el primer periódico impreso en un idioma oriental, porque, de acuerdo con su predicación del evangelio: «Por encima de todas las formas de la verdad y la fe, el cristianismo busca la libre discusión».

Carey fue astrónomo. Introdujo en la India la ciencia y las matemáticas de la astronomía. Puesto que Dios creó el mundo y estableció a los hombres para gobernarlo, los cuerpos celestes no eran deidades; podían ser medidos, se podían trazar mapas de ellos, y podían ser contados. Carey reconoció que la ciencia de la astronomía, echaría abajo el fatalismo y el temor supersticioso sembrados por la astrología.

Carey fue traductor y pedagogo. Fundó docenas de escuelas para los niños indios de todas las castas. Fundó la primera universidad de Asia, en Serampore, cerca de Calcuta, y asumió el cargo de profesor de idiomas.

Por encima de todo, Carey fue misionero; su deseo era llevar el evangelio a la gente. Comenzó por traducir la Biblia al bengalí, sánscrito y maratí. Posteriormente redactó dos gramáticas y un diccionario. Después de diecinueve años de trabajo, hubo un incendio y todos estos manuscritos fueron destruidos. ¡Carey se inclinó ante el Dios Altísimo y comenzó todo otra vez!

Al final de su vida, había traducido y publicado la Biblia, o partes de ella, a treinta y seis idiomas y dialectos; había fundado escuelas y hospitales; había erigido la Universidad Serampore, y había abierto numerosas clínicas médicas.

El mismo evangelio que lo llevó a hacer todo esto nunca le permitió estar en silencio cuando se derramaba sangre inocente. Consideraba que el trabajo misionero consistía en ambas cosas: predicar la salvación, *y* proteger al inocente y al débil. La ley del amor imponía ambas acciones.

Al llegar a la India se enteró de que el aborto, el infanticidio, la muerte por exposición, y el abandono eran parte de la forma de vida. Un día «se encontró con una canasta suspendida de un árbol. Dentro se encontraban los restos de un niño que había sido expuesto a la muerte; sólo quedaba el cráneo, el resto había sido devorado por hormigas blancas».[20] Cuando se mudó a Serampore descubrió que más de cien bebés eran «sacrificados» cada año; los arrojaban al río Ganges, donde eran devorados por cocodrilos. «Esto era considerado como un sacrificio sumamente santo: darle a la Madre Ganges el fruto de sus cuerpos, los hijos de su alma».[21]

Carey emprendió un esfuerzo supremo para detener este rito de sacrificar niños. Fue acusado de imponer sus valores morales en los demás. Sin embargo, con el tiempo, esta práctica fue declarada ilegal. Y la legislación a favor de la vida, que finalmente fue aprobada, hasta la fecha se llama el Edicto de Carey.

El enorme escándalo de Amy Carmichael

Cien años después, la misionera Amy Carmichael (1867 – 1951) llegó al sur de la India. Se enteró de que «la venta de niñas con el fin de convertirlas en prostitutas del templo para "desposarse con los dioses", y después quedar a la disposición de los hombres hindúes que frecuentaban el templo, era uno de los "pecados secretos" del hinduismo».[22] Cuando una niña de siete años escapó de semejante culto del templo, Amy, en obediencia a la ley del amor, la tomó y rehusó regresarla. Al defender esta vida inocente, Amy ofendió las prácticas aceptables y legales de su tiempo. Empero, sus acciones declaraban: «¡No ante mis ojos!».

Por rehusar aceptar la destrucción de vidas inocentes, Amy fue severamente criticada por el gobierno. Incluso, en varias ocasiones, ¡le fueron levantados cargos por secuestro! En sus propias palabras, salvar a esta niña inocente *«provocó un enorme escándalo»*.[23] Pero ella continuó rescatando a los inocentes, y doce años después, tenía a ciento treinta y nueve jovencitas bajo su cuidado.

La historiadora Ruth Tucker agrega:

> A las niñas se les proporcionaban estudios, se atendían sus necesidades físicas y se ponía una atención especial en el desarrollo de su «carácter cristiano». Para los que criticaban y realizaban acusaciones de que su énfasis en las necesidades físicas, en la educación y en la edificación del carácter no era necesarios para evangelizar, Amy respondía: «...no se pueden salvar almas y luego aventarlas al cielo... De una u otra forma, las almas están atadas a los cuerpos... y como no se pueden sacar de los cuerpos y tratar con ellas por separado, tienes que tomarlas juntas».[24]

Su mensaje, el mensaje del evangelio, autentificado por la valentía y la atención prestada a las niñas, se difundió rápidamente por toda la región.

Harriet Tumban y el ferrocarril subterráneo

Harriet Tubman (1820-1913) orquestó el rescate de cientos de esclavos que, por medio del tren subterráneo, huyeron de su casa de Filadelfia. Los paralelos históricos del presente análisis son notables. Tanto el aborto como la esclavitud requerían de la decisión del Tribunal Supremo. En el caso de Dred Scott (1857) se dictaminó que las personas negras no eran dignas de la protección que ofrecía la Constitución. En el caso de Roe versus Wade (1973) se dictaminó lo mismo para los niños no nacidos. El esclavo, así como el niño no nacido, se consideraba propiedad privada. Presentando la posesión de esclavos como un asunto «privado», los que lo propusieron argumentaron que no querían imponer su religión a los demás. La esclavitud era cuestión de elección. Hoy en día, los partidarios del aborto argumentan: Si no te gusta el aborto, no abortes. Inherente a este slogan está la noción de que la oposición moral al aborto es tolerable mientras no trates de imponerlo a los demás.

El púlpito de Newton y el Parlamento de Wilberforce

En Inglaterra el comercio de esclavos, completamente legal e institucionalizado, fue atacado por cien cristianos que desde los púlpitos se dirigieron al Parlamento. «La humanidad es un sentimiento personal, no un principio público sobre el cual actuar», protestó el

Conde de Abington. Lord Melborne censuró las voces de los pastores que se levantaron para predicar la santidad de la vida humana y censurar la inhumanidad de la esclavitud. «Las cosas se vuelven críticas cuando a la religión se le permite invadir la vida pública».[25]

El reverendo John Newton fue una de las personas que él probablemente tenía en mente. Anteriormente Newton había sido capitán de un barco «esclavista». Él, mejor que nadie sabía de la inhumanidad del comercio de esclavos. Después de su conversión dejó ese «negocio» y llegó a ser predicador en la Iglesia Anglicana. Él fue un ejemplo vivo de que Dios ama a los culpables y está dispuesto a perdonar a los arrepentidos. Su himno «Sublime Gracia» es uno de los más perdurables de la historia de la iglesia.

Pero Newton también sabía que Dios amaba a los inocentes de igual manera, y apeló a su pueblo para que levantara la voz «por los que no tienen voz». Escribió un panfleto en el que exponía la infame inhumanidad del comercio de esclavos. Testificó ante legisladores. Enseñó la santidad de la vida humana según las Escrituras.

Uno de los hombres que lo escuchó fue William Wilberforce. Como miembro del Parlamento, Wilberforce se esforzó durante veinte años para abolir el comercio de esclavos (1787-1807). Después de lograrlo, se esforzó otros veintiséis años para abolir la esclavitud en sí. El 26 de julio de 1833 la esclavitud fue considerada ilegal en Gran Bretaña, y los derechos de los negros fueron asegurados. Tres días después Wilberforce murió.

En un paralelo histórico notable, Dios ha transformado a la mayoría de los líderes clave que encabezaron la legalización del aborto en Estados Unidos. Bernard Nathanson, anteriormente mencionado como partidario del aborto, quien ayudó a planear el esfuerzo para legalizar el aborto por toda la nación, se convirtió a la fe en Cristo en 1996 (consulta el #7 de las Notas del capítulo 5). Como Newton, Nathanson, en su libro *La mano de Dios,* escribe sobre su asombro ante la gracia de Dios que puede perdonar a «los pecadores». Continúa escribiendo y hablando con una elocuencia dolorosa, haciendo un llamado a la nación para apreciar y defender la vida inocente de los no nacidos.

Norma Mc Corvey es la «Jane Roe» relacionada con la infame decisión del Tribunal Supremo en el caso de «Roe vs. Wade». Para encubrir un amorío que tuvo en 1969, Norma mintió respecto a su embarazo al decir que fue violada. Dos abogadas feministas concertaron con ella para que se convirtiera en el precedente para justificar otros casos de aborto, no regulados. Ella misma nunca abortó, pero su caso anuló todas las restricciones del aborto en Estados Unidos.

En 1995 el grupo Operation Rescue [Operación Rescate], que organizaba manifestaciones pacíficas en las inmediaciones de las instalaciones de las clínicas abortistas, abrió una oficina junto a la clínica de abortos donde Norma trabajaba. Varios encuentros fuera de sus oficinas durante la hora del almuerzo le suavizaron el corazón. Cuando Emily Mackey, de ocho años de edad, la hija de una voluntaria a favor de la vida, le pidió a Norma que la acompañara a la iglesia, ella aceptó. Esa noche entregó su vida a Cristo. Ese mismo año fue bautizada. El encabezado del periódico *Nueva York Post* decía: «Jane Roe se retracta del aborto» y debajo se leía su exclamación: «ESTOY A FAVOR DE LA VIDA». Desde su conversión, ella también ha dedicado su vida a defender a los inocentes, además de proclamar el perdón para todos.[26]

Si seguimos la ley del amor, un día, como nación, volveremos nuestra vista atrás y veremos el aborto de la manera que actualmente vemos la esclavitud. A medida que levantemos la voz con valentía, y dirijamos al pueblo hacia la intervención compasiva, debemos avanzar recordando las palabras inmortales de William Willberforce:

> Nunca, nunca desistiremos hasta … sofocar todo vestigio de este sangriento tráfico, del cual nuestra posteridad, cuando vuelva la vista atrás, hacia la historia de estos tiempos progresistas, apenas pueda creer que durante tanto tiempo se haya tolerado la existencia de tal desgracia y deshonra para este país.

NUEVE

CUALQUIER COSA QUE LE HAYA SUCEDIDO A...

—◆—

La joven de voz dulce, de dieciséis años, que llamó a mi oficina (ver el capítulo 2), la que estaba tan paralizada por el miedo que le tenía al embarazo, que amenazaba con suicidarse, la que entendía tan claramente la maldad de quitar una vida humana, que después nunca podría vivir con ella misma, nunca vino a nuestro centro. Nunca más volví a saber de ella y no sé lo que le pasó. Pero el recuerdo de su voz me motiva diariamente a estar preparado para alcanzar a otras.

La pareja que vino acompañada de nueve de sus diez hijos tuvo un final más feliz. Mientras los alborotados niños hacían estropicios en mi despacho, nosotros los adultos buscábamos la solución para la cuestión de aborto. En un momento dado, le pedí al padre que considerara lo siguiente: «Si el dinero es el problema, y no puedes mantener a once hijos, ¿por qué no matar al que tiene quince años y salvar al que tiene quince semanas de gestación? Así ahorrarás *mucho más* dinero. Después de todo, los adolescentes comen más, quieren zapatillas de 200 dólares y una carrera universitaria». Él se rió ante la propuesta y la tradujo para su esposa. Ella no se rió y yo tampoco. Ambos entendíamos la cuestión. El padre dijo nerviosamente: «No podemos hacer eso». Yo me mostré de acuerdo: «No importan los problemas financieros que enfrentemos, matar a nuestros hijos no es ninguna solución». Él dijo: «Entiendo. Por supuesto que tienes razón». Entonces le dijo a su esposa que el aborto no era la respuesta, y ¡ella empezó a llorar *de alegría!*

Un aborto habría devastado a esa madre inmigrante. Su misión en la vida era amar y criar a sus hijos. De manera providencial, una iglesia local había llevado a cabo una «campaña de pañales», en la que todos llevan a la iglesia un paquete de pañales para regalárselos a las nuevas madres. Los miembros de la iglesia habían entregado en nuestras oficinas varias bolsas de plástico, de enorme tamaño, llenas de docenas de estos paquetes. Todos se los di a esta familia de diez hijos, con uno en camino. «Esto es un anticipo», les dije, «de la promesa de que los que confían en Dios no padecerán hambre».

Durante las siguientes semanas varios cristianos de su ciudad natal le ofrecieron trabajo al padre, y ayudaron a la familia con ropa y otros productos para el bebé. Varios meses después esta pareja regresó con el bebé. Es difícil criar a diez hijos; pero no es considerablemente más difícil criar a once. Las cosas salen bien.

La alumna de postgrado decidió tener a su bebé. El padre, que había amenazado mi vida porque yo estaba «arruinando su vida», llegó a entender que, indudablemente, tener un bebé y convertirse en padre era una gran bendición. Se emocionó mucho cuando nació el bebé. Cuando nosotros preparamos una canasta de artículos para ellos (la cual les damos a todas nuestras nuevas madres), ella vino a recogerla y a darnos las gracias. Yo esperaba saludar al padre, pero le dijo a su esposa que estaba demasiado apenado por su comportamiento pasado como para venir a verme. Le mandé un mensaje diciéndole que me alegraba por él, y que era bienvenido cualquier día que quisiera visitarme.

Las hijas de los tres pastores locales decidieron tener a sus bebés. Dos de ellas se casaron. Cuando llegó el bebé de la hija que estaba tan herida y enojada, ella resolvió su enojo y desilusión con su padre. Entendieron lo que les exigía la ley del amor, y cuando nació su hijo, lo llamó como a su padre.

¿Y qué le sucedió a «X», la que tenía un puesto importante en una universidad cristiana local? Ella estuvo a punto de abortar su fe así como a su bebé. En la clínica para abortos le habían dicho que tenía catorce semanas de embarazo, y que su aborto costaría 750 dólares. Ella llamó a nuestro centro, buscando un mejor precio. Luego terminó arrodillándose en nuestra sala de consejería y volvió a encomendar su vida a Jesucristo. Decidió confiar en que Jesús podría perdonarla y que Dios cuidaría de ella y de su bebé. Le pagamos su primera visita de cuidados prenatales. Al siguiente día el doctor llamó y me preguntó si estaba sentado. Yo me senté y el doctor dijo: «¡No está embarazada!».

Esta hermosa joven había ido al centro de abortos en un estado de pánico. Estaba atormentada por la culpa, cuyo origen era un comportamiento que ella sabía no era apropiado. Ellos le vendieron un aborto, y le programaron una cita para que regresara una vez que consiguiera el dinero. Si ella no hubiera venido a mi oficina, nunca habría sabido *que ni siquiera estaba embarazada.* Su historia es una razón por la que muchos centros de asistencia durante el embarazo ahora ofrecen ultrasonidos de verificación, e incluso cuidados prenatales.

Para la pareja que vino, reconociendo antecedentes de drogas y alcoholismo, que estaban desempleados y que ambos estaban casados con otra persona, fue un caso difícil. El bebé llegó y, finalmente, con la ayuda de muchos cristianos que contribuyeron con una pequeña parte, salieron adelante después de varios años de inestabilidad.

Algunas madres siguen adelante con su embarazo y dan a sus hijos en adopción. Otras se casan. Algunas aprenden de sus errores y otras los repiten una y otra vez. En cada uno de los casos, nosotros nos preguntamos: ¿qué requiere de nosotros el amor en esta situación? Después, simple y directamente, buscamos seguir esa trayectoria con la ayuda de la comunidad cristiana.

APELACIÓN FINAL A LOS PASTORES

—◆—

A menos que tu iglesia local conste solo de personas muy mayores y carezca de ímpetu para evangelizar, en tu iglesia tienes hombres y mujeres que han abortado. En la mía, el 30% resultó estar en este caso. Conforme lo fueron revelando los testimonios de mujeres y parejas, este pecado empañaba sus conciencias de tal manera que muchos luchaban con la cuestión de si Dios en realidad podría o habría de perdonarlos.

Aquellos que están involucrados en el cuidado de las almas, aquellos que tienen pasión para evangelizar, aquellos que buscan preparar y enviar cristianos fortalecidos y confiados a un mundo atribulado, necesitan reconocer que el aborto y la culpa por la sangre derramada que este provoca deben tratarse con autoridad. El silencio del púlpito solo añade más condenación, y

el mensaje que se envía es que este pecado es tan ho-
rroroso que no podemos referirnos a él. Y de manera
retorcida, aquellas mujeres que en ese momento están
asustadas y avergonzadas por un embarazo, interpre-
tan este silencio como una aprobación del aborto. «Si
realmente fuera el asesinato de un niño, seguramente
el pastor lo denunciaría enérgicamente y de manera
regular, y la iglesia estaría organizada para ofrecer esperanza y ayuda en esta situación».

Permite a un ministro bautista tenaz una vez más
citar al Papa Juan Pablo II. Él lo dice muy bien:

> Donde hay vida involucrada, el servicio a la
> caridad debe ser profundamente consisten-
> te... La vida que acaba de nacer es atendida
> en centros de asistencia y en hogares en los
> que se le da la bienvenida a una nueva vida.
> Gracias a la obra de estos centros, muchas
> madres solteras y parejas que están en dificul-
> tades encuentran esperanza, ayuda y apoyo
> para sobreponerse a las dificultades y al temor
> de aceptar una vida recién concebida.[1]

Entre los evangélicos, muchos líderes han levantado
la voz haciendo llamados similares para que la iglesia se asocie con centros locales que ayudan y asisten a madres con embarazos conflictivos. A menos
que nuestros líderes hablen con voz audible y clara, y
guíen a la iglesia en esta dirección, la iglesia perma-

necerá pasiva y absorta en sí misma. El autor y pastor Chuck Swindoll escribió:

> De todos los temas con los que me he encontrado durante todos los años en los que he estado involucrado en asuntos relacionados con la gente, ninguno es más significativo que la santidad de la vida y la pureza sexual. La oleada de preocupación que rodea a cada uno de estos, los ha convertido en los temas ineludibles de nuestros tiempos. Quedarse callados respecto a cualquiera de ellos, ya no es optativo.[2]

Que Dios nos ayude a seguir la ley del amor, y de ese modo convertirnos en el «aroma de la vida».

CÓMO PUEDES AYUDAR (CONSIDERA PRECIOSA TODA VIDA)

———— ᴡ ————

1. Comienza por limpiar tu conciencia y por tener un corazón a favor de la vida. Para aquellos de nosotros cuya conciencia esté profundamente manchada en lo que respecta al aborto, lo primero que se necesita, por medio de la fe en la cruz de Jesucristo, es una experiencia refrescante del perdón de Dios, que le complazca a él, satisfaga tu alma y limpie tu conciencia. Si necesitas ayuda confidencial para tratar con el impacto personal producido por un aborto, contacta

---

1 En inglés, la palabra help (H.E.L.P.), que significa ayudar, contiene las iniciales de la expresión Hold Each Life Precious cuya traducción es: Considera preciosa toda vida (N. de la T.).

Ramah International al 941.473.2188 o visita la página web www.ramahinternational.org.

Además, la mayoría de los centros de ayuda proporcionan:

- Consejería post-aborto y estudios bíblicos sobre el perdón.
- Capacitación para comenzar en tu iglesia un ministerio para hombres y mujeres que luchan con la culpabilidad del aborto.

Para entender los efectos del aborto, visita la página www.afterabortion.org y www.abortionbreastcancer.com.

Otros sitios web de organizaciones en pro de la vida: *Baptists for Life* [Bautistas a favor de la vida] www.bfl.org), *Care Net* [Asistencia en la Red] (www.care-net.org), *Christian Life Resources* [Recursos para la vida cristiana] (www.christianliferesources.com), *Heartbeat International* [Organización Internacional Latidos del Corazón] (www.heartbeatinternational.org), *International Life Services, Inc.* [Servicios Internacionales para la Vida, S.A.] (www.life-services.org), *National Institute of Family Life Advocates* [Instituto Nacional de Defensores de la Vida Familiar] (www.nifla.org), *National Life Center* [Centro Nacional de Vida] (www.Nationallifecenter.com), *North American Mission Board* [Comité de Misiones de América del Norte] *(www.namb.net), Sav-A-Life* [Salva-una-Vida] (www.savalife.org).

2. Aprende qué decirle a alguien que esté considerando la posibilidad de abortar. Recuerda que el amor de

Dios posiblemente requiera que te involucres. Cuando esto suceda, recurre a la propuesta del AMOR:

A   Abre los oídos para escuchar, y asimila. Permítele contarte su historia. Probablemente esté llena de vergüenza, arrepentimiento, enojo, temores, confusión y urgencia. Un embarazo no planeado se siente como la muerte (su vida tal y como la había proyectado está muriendo debido al embarazo). Abre los oídos hasta que entiendas esto.

M   Muestra apertura y ofrece opciones. La mayoría de las veces, las mujeres recurren al aborto creyendo que «no tienen otra elección». Recuérdale que eso no es cierto. Sí tiene otra opción. Ayúdala a explorar los peligros y las oportunidades que ofrece cada una de sus opciones.

O   Ofrece visión y valor. Ayúdala a ver que el embarazo no es el fin de su vida, sino solo un capítulo de ella. Sus planes futuros podrían ser demorados o cambiados por completo, pero con frecuencia los retos inesperados de la vida nos proporcionan nuestra mayor fuente de orgullo y auto-satisfacción.

R   Regala y ofrece posibilidades. Ayúdala a planear sus pasos inmediatos, y, si es necesario, ayúdala a darlos. Las semanas y los meses siguientes, ayúdala a prepararse para la maternidad o la adopción.

Este es un compendio de un manual de entrenamiento. *Planting the Seed: The Love Approach* [Plantemos la semilla: propuesta de amor], de la Dra. Margaret Hartshorn, presidenta de *Heartbeat International* [Organización Internacional Latido del Corazón] (usado con permiso). Todos los nuevos voluntarios y personal que trabajan en los centros de asistencia durante el embarazo, en la localidad, reciben esta capacitación o una similar.

3. Ayuda a implementar el servicio médico y el de ultrasonido en tu centro de asistencia durante el embarazo. Las donaciones generosas, hechas con sacrificios, en los próximos años permitirán que los centros de asistencia durante el embarazo expandan sus servicios e incluyan el servicio de ultrasonido y servicio médico profesional. El ultrasonido, en manos de médicos y enfermeras cristianos, solidarios y bien organizados, podría ayudar en breve a las mujeres a rechazar el aborto, en tal cantidad que ponga en peligro la estabilidad financiera de la industria del aborto.

En Boston, en nuestro primer año de utilizar ultrasonido, los médicos profesionales que trabajan en los centros de salud durante el embarazo, *A Woman's Concern* [La preocupación de una mujer], vieron que el número de mujeres que eligen la vida se elevó de un 35% a un 76%. En los primeros dieciocho meses de operación, un total de 329 mujeres prescindieron de los servicios de los partidarios del aborto, con un costo para la industria del aborto estimado en $148,500 dólares. Tus bienes invertidos en un centro de asistencia durante el embarazo, combinados con los bienes de otros, harán que los abortos sean incosteables e innecesarios mucho antes de que se conviertan en algo ilícito.

¡Nota especial para médicos cristianos! Ustedes tienen la clave para ayudar a las mujeres y a las parejas a que entiendan la humanidad de sus hijos no nacidos, así como para evitarles abortar a las seis semanas a aproximadamente el 20% de las mujeres que tienen embarazos no viables, ya que de manera natural se les producirá un aborto a las ocho semanas.

Para mayor información acerca del impacto tan dramático que está teniendo la ecografía, visita la página www.awomansconcern.org/partners.

Para mayor información acerca de cómo ayudar a que los centros de asistencia durante el embarazo proporcionen servicio médico, contáctate con el *National Institute for Family* [Instituto Nacional para la Familia], y con *Life Advocates* [Defensores de la Vida] al 540.785.9853, o visita la página www.nifla.org.

Para mayor información sobre cómo se están asociando los médicos profesionales para transformar la cultura médica, contáctate con *Physicians Life Alliance* [Médicos de Alianza para la Vida] al 501.521.0105, o visita la página en línea www.physicianslifealliance.org.

4. Ofrece voluntariamente tu tiempo y talentos al centro de asistencia durante el embarazo de tu zona. Lo más seguro es que cada uno de ellos necesite ayuda en las siguientes áreas:

Servicios profesionales: médicos, enfermeras, radiólogos, especialistas en ecografía, coordinadores médicos, terapeutas especializados.

Servicios de consejería: consejero personal, consejero en línea, intervención en las crisis, instructor para orientar sobre la abstinencia.

Apoyo al cliente: Defensor/mentor del cliente, clases para el período de post-aborto, clases de cómo ser padres.

Administración: recepcionista, contador, grabador de datos, oficinista, encargado de correspondencia masiva, soporte técnico.

Desarrollo: comité de alimentos, relaciones con los donantes, publicaciones, solicitudes de subsidios.

5. Ora. Ora para que el mismo espíritu de valentía y compasión que ha movido a la iglesia a lo largo de los siglos a apreciar y defender la vida humana inocente se apodere, con resultados transcendentes, de un número cada vez mayor de la generación actual de cristianos. Ora para que los 3000 centros de asistencia durante el embarazo, localizados en diferentes barrios, que trabajan día a día, asistan a mujeres y parejas con embarazos conflictivos. La mayoría de ellos han hecho el siguiente Compromiso de Cuidados, que los hace especialmente dignos de tu intercesión incesante.

El Compromiso de Cuidados

• Los clientes deben ser atendidos sin distinción de

edad, raza, nivel económico, nacionalidad, afiliación religiosa, discapacidad, o cualquier otra circunstancia arbitraria.

- Los clientes deben ser tratados con amabilidad, compasión, y de manera solidaria.
- Los clientes siempre deben recibir respuestas sinceras y francas.
- Las pruebas de embarazo deben distribuirse y administrarse de acuerdo con todas las leyes aplicables.
- La información de los clientes debe guardarse con estricta y absoluta confidencia. La información de los clientes solamente debe ser revelada en casos previstos por la ley y cuando sea necesario para proteger al cliente o a otras personas contra algún daño inminente.
- Los clientes deben recibir información precisa acerca del embarazo, desarrollo del feto, cuestiones referentes al estilo de vida, y asuntos relacionados.
- Nosotros no ofrecemos, recomendamos, o nos referimos a los abortos o abortivos, pero sí estamos comprometidos a ofrecer información precisa respecto a los procedimientos y riesgos del aborto.
- Toda nuestra propaganda y comunicación es veraz y honesta, y describe con exactitud los servicios que ofrecemos.
- Todo nuestro personal asalariado y voluntario recibe capacitación adecuada para apoyar estos estándares.

/ NOTAS /

Capítulo 1

1. Citado del anuncio de radio emitido por Focus on the Family [Enfoque a la familia] dirigido a los centros de atención a embarazos en crisis.

Capítulo 2

1. Papa Juan Pablo II, *The Gospel of Life* [El evangelio de Vida], Random House, Nueva York, 1995, pp. 4, 22.

2. Randall Terry, del prólogo de *Operation Rescue* [Operación rescate], Whitaker House, Springfield, PA, 1988.

3. Peter Singer, *Taking Human Life* [Vidas humanas tomadas], en *Practical Ethics* 2nd ed. [Ética Práctica 2ª edición], Cambridge University Press, Nueva York, 1993. Singer no es el único que piensa así. Francis Crick y James Watson, quienes ganaron el premio Nobel por el descubrimiento de la estructura de doble hélice del DNA, son partidarios de que se les practique la eutanasia a todos los recién nacidos que no pasen una prueba de salud (ver C. Everett Koop, *Life and Death and the Handicapped Unborn,* [La vida y la muerte, y los discapacitados no nacidos], *Issues in Law and Medicine 5* [Asuntos de leyes y medicina 5], no. 1 [Junio 22, 1989], p. 101. Steven Pinker de MIT, (Massachussetts Institute of Technology) [Instituto

Tecnológico de Massachussets], al aseverar que los humanos siempre están en evolución, hace un llamado para la aceptación del «infanticidio de los recién nacidos» como una selección natural en proceso (ver Steven Pinker, *Why They Kill Their Newborns* [Por qué matan a sus recién nacidos], *The New York Times,* Noviembre 2, 1997).

A nosotros no nos resulta raro leer en los periódicos relatos de bebés recién nacidos que fueron arrojados a cubos de basura o a inodoros. Esta es la continuación natural del derecho al aborto. Como resultado de esto, algunos centros de asistencia durante el embarazo se están estableciendo como zonas donde se reciben a los bebés que de otra manera serían abandonados.

4. Don Feder del *Boston Herald* informó en 1997 que los registros del FBI reportan que en 1994 fueron asesinados 207 bebés de menos de una semana de edad; un aumento del 92% desde 1973.

5. En 1976 hubo 669.000 reportes de casos de abuso infantil en los Estados Unidos. En 1994, hubo 2,9 millones de casos reportados.

6. La Dra. Anne Speckhard, en su estudio «Los aspectos socio-psicológicos del estrés posterior a los abortos» concluyó que el 65 % de las mujeres tienen pensamientos suicidas después de un aborto. Otro estudio llegó a la siguiente conclusión: «La tasa de suicidio después de un aborto fue tres veces mayor que la tasa de suicidio general», (consulta los «Enlaces de estudio sobre el aborto,

riesgo de suicidio», en el periódico *The Boston Globe,* 6 de diciembre de 1996, p. A13).

Capítulo 3

1. Para una recapitulación completa de los fallos de Roe versus Wade y Doe versus Bolton en 1973, consulta la página www.roevwade.org.
2. Alan Guttmacher Institute *Induced Abortion, Facts in Brief,* [Aborto inducido, información abreviada]. Esta hoja informativa dice: «Los datos contenidos en esta hoja informativa son los más actualizados que se tienen disponibles. La mayoría de estos datos provienen de una investigación realizada por el Alan Guttmacher Institute. Una fuente adicional es *Centers for Disease Control and Prevention* [Centros para el Control y Prevención de Enfermedades]».
3. David Reardon, *Aborted women, Silent No More*: [Mujeres que han abortado, no guarden más silencio], Loyola University Press, Chicago, 1997, p. xi.
4. David Reardon, *Aborted women, Silent No More*: [Mujeres que han abortado, no guarden más silencio]; para un tratado completo sobre las secuelas del aborto, consulta este libro; visita también www.afterabortion.org.
5. Alan Guttmacher Institute *Induced Abortion* [Aborto inducido], *Facts in Brief,* [Información Abreviada], Enero 1998.
6. «*Strong Ties Between Religious Commitment and*

Abortion Views», *Gallup Poll Monthly* [Fuertes lazos entre el compromiso religioso y las perspectivas sobre el aborto], [Publicación Mensual de Encuestas Gallup], Abril 1993, pp. 35-43. Consulta asimismo *Abortion Patients in 1994-1995: Characteristics and Contraceptive Use* [Pacientes que abortaron en 1994-1995: Características y uso de métodos anticonceptivos], *Family Planning Perspectives* [Perspectivas de la Planificación Familiar], vol. 28, no. 4 (Julio/agosto 1996).

7. John Ensor, *Experiencing God's Forgiveness: The Journey from Guilt to Gladness* [Cómo experimentar el perdón de Dios: un recorrido de la culpa a la alegría], NavPress, Colorado Springs, 1997. Para un tratado más completo sobre la culpa y el perdón, consulta este libro.

8. Disponible por medio de Easton Publishing Company. Consulta www.eastonpublishing.com.

9. Centers for Disease Control and Prevention [Centros para el Control y Prevención de Enfermedades]; *Morbidity and Morality Weekly Report,* [Reporte Semanal de Morbosidad y Moralidad], *Abortion Surveillance, CDC* Surveillance Summaries, Agosto 8, 1997. MMWR 1997; 46 (No. SS-4).

10. Alan Guttmacher Institute: *The Limitations of U.S. Statistics on Abortion.* [Las limitaciones de las estadísticas sobre el aborto], *Facts in Brief* [Información abreviada]. Enero 1997. Consulta también Aida Torres y J. D. *Forrest, Why Do Women*

Have Abortions? [¿Por qué abortan las mujeres?]; *Family Planning Perspectives* [Perspectivas de la Planificación Familiar] 20, no. 4 (Julio/agosto 1988), p. 170.

11. Barbara Carton, *The Dollars and Cents of the Abortion Business* [Los dólares y centavos del negocio del aborto] *Wall Street Journal,* 16 de enero de 1995, B-1.

12. *Abortion Attitudes in the African American Community* [Actitudes con respecto al aborto en la comunidad afro-americana], *Center for Business and Economic Research* [Centro para la Investigación Económica y de Negocios], Universidad de Dayton. La investigación fue comisionada por Dayton Right to Life. Se encuentra en www.dayton.righttolife.org/news

13. Stanley Henshaw y Kathryn Kost, *Family Planning Perspectives* [Perspectivas de la Planificación Familiar], Julio/agosto 1996. Volumen 28, Núm. 4.

14. 1994 Roper poll [Encuesta Roper 1994].

15. Centers for Disease Control and Prevention [Centros para el Control y Prevención de Enfermedades], *Morbidity and Morality Weekly Report* [Reporte Semanal de Morbosidad y Moralidad], *Abortion Surveillance: Priminary Analysis* —Estados Unidos, 1989, 29 de noviembre de 1991; 40 (Núm. 47), pp. 817-818.

Capítulo 4

1. George Grant, *Third Time Around* [Tercera vez por aquí], Wolgemuth & Hyatt, Brentwood, TN, 1991. Historia del movimiento en pro de la vida desde el siglo I hasta el presente. La información de esta sección, y gran parte de la información de la sección de la historia de la iglesia fue tomada de este excelente libro de George Grant.

2. *Third Time Around* [Tercera vez por aquí], p. 15.

3. John Jefferson Davis, *Abortion and the Christian* [El aborto y los cristianos], Presbyterian and Reformed Publishing, Phillipsburg, N.J., 1984, p. 40.

4. Clifford Bajema, *Abortion and the Meaning of Personhood* [El aborto y el significado de ser persona], Baker Book House, Grand Rapids, MI, 1974, p. 32.

Capítulo 5

1. Randy Alcorn, *ProLife Answers to ProChoice Arguments* [Respuestas a favor de la vida a los argumentos a favor de la elección], Multnomah, Portland, OR, 1992, p. 41. Para referencias adicionales de libros de texto sobre embriología, consulta las páginas 40-42.

2. John Stott, *Christianity Today* [El cristianismo de hoy en día], 5 de septiembre de 1980, p. 50.
   En años recientes, aquellos que están involucrados en la mercadotecnia de los anticonceptivos orales («la píldora»), y en promover la así llama-

da «píldora del día siguiente», han argumentado que la vida no empieza en la concepción, sino en la implantación. Esto es francamente erróneo y engañoso. La razón para divulgar esta noción es la mercadotecnia. Están tratando de hacer que la píldora, el método anticonceptivo más comúnmente usado, sea aceptada por quienes rechazan el aborto. De acuerdo con los fabricantes, la píldora funciona en tres formas: Primero, suprime la ovulación (cuando un huevo es liberado por el ovario), con lo cual se impide la concepción. Segundo, engruesa la mucosidad cervical, haciendo que para el esperma sea más difícil alcanzar el huevo, si, efectivamente la ovulación ha ocurrido (una vez más impidiendo la concepción). El tercer mecanismo de la píldora es afectar el recubrimiento del útero (el endometrio), de modo que la implantación (de una vida humana recientemente concebida) sea imposible. En estos casos, el bebé, recientemente concebido, no tiene la posibilidad de recibir nutrientes de la madre, y es expulsado. Esto es un aborto químico. Consulta R. A. Hatcher, etc., *Contraceptive Technology* [*Tecnología Anticonceptiva*], Irving Publishers, Nueva York, 1990, p. 228. Consulta también a Randy Alcorn, *Does the Birth Control Pill Cause Abortions?* [¿Provoca abortos la píldora anticonceptiva?], Eternal Perspectives Ministries, Gresham, OR, 2000. También en línea en www.epm.org/bcp. html.

3. Keith L. Moore, *The Developing Human* [El Humano en Desarrollo], 4ª edición. Saunders Co, Filadelfia, 1988, p. 329. Estoy en deuda con el sitio web National Right to Life por la compilación de la mayor parte de la información sobre embriología que aquí se incluye. Visita la página www.nrlc.org.

4. De acuerdo con *Morbidity and Morality Weekly Report* [Reporte Semanal de Morbosidad y Moralidad] de Centers for Disease Control and Prevention [Centros para el Control y Prevención de Enfermedades], 43, núm. 50 (23 de diciembre de 1994), p. 931, solamente el 13,8% de los abortos se llevan a cabo antes de las siete semanas de gestación.

5. El fallo Roe versus Wade declara que el estado puede limitar los abortos de embarazos avanzados a favor de proteger la vida del feto después de que este sea viable, «excepto en los casos en que sea necesario preservar la vida o la salud de la madre». En el caso Doe versus Bolton, la decisión formal del Tribunal Supremo de los EE.UU., junto con la del caso Roe versus Wade, definió así la salud de la madre: «Los factores físicos, emocionales, psicológicos, familiares, y la edad de la mujer… todos estos factores, pueden estar relacionados con la salud».

El Comité Judicial del Senado de los Estados Unidos, en un reporte oficial (Reporte #98-149), después de un considerable número de audiencias en 1982, concluyó lo siguiente: «No hay barreras legales significativas de ningún tipo, sin importar las que existan hoy en día en los Estados Unidos, para que una mujer obtenga un aborto por cualquier razón durante cualquier etapa de su embarazo».

6. «Q & A with Bernard Nathanson» [Preguntas y Respuestas con Bernard Nathanson] *Focus on the Family Citizen* magazine [Revista *Enfoque a la Familia, Ciudadano*], 26 de agosto 1996, p. 7.

7. Bernard Nathanson, *The Hand of God* [La mano de Dios], Regnery Publishing, Washington, 1996, p. 19. La ecografía llevó a Nathanson a renunciar al aborto y a convertirse en un defensor tenaz de los derechos de los niños no nacidos. Conforme pasaron los años, esto le llevó a contactarse con muchas personas y escritores cristianos. En 1989 fue a observar una manifestación pacífica realizada por personas cristianas de Operation Rescue [Operación Rescate]. En sus propias palabras:

«Ahora bien, yo no había sido inmune al fervor religioso del movimiento a favor de la vida. A principios y a mediados de los años ochenta yo era consciente de que dentro de sus filas, un gran número de católicos y protestantes habían orado por mí, estaban orando por mí, y a medida que pasaba el tiempo, yo me iba conmoviendo. Pero no fue hasta que vi cómo fue puesto a prueba su espíritu en aquellas mañanas tremendamente frías, en las que había personas a favor del derecho a elegir lanzándoles los peores epítetos, policías rodeándolos, los medios de comunicación desaprobando abiertamente su causa, el poder judicial multándolos y encarcelándolos, y los funcionarios del municipio amenazándolos, y en medio de todo esto, ellos estaban sentados, orando en silencio, cantando, confiados en su causa justa, e inquebrantablemente persuadidos del supremo triunfo final, no fue hasta entonces cuando empecé a cuestionarme seriamente qué fuerza indescifrable les generaba esta actividad. ¿Por qué también estaba yo ahí? ¿Qué me había llevado a ese tiempo y lugar? ¿Era la misma fuerza que les permitía a ellos sentarse serenamente y sin miedo, en el epicentro del caos legal, físico, ético y moral?» (p. 193).

En 1996, el Dr. Nathanson fue bautizado dentro de la fe cristiana.

8. Consulta «Maternal Bonding in Early Fetal Ultrasound» [Lazos maternales en el ultrasonido del feto en sus inicios], *The New England Journal of Medicine,* [Publicación Médica de Nueva Inglaterra], 17 de febrero de 1983.

9. Paul Zielbauer, *Princeton Bioethics Professor Debates Views on Disabilities and Euthanasia* [Catedrático de bioética de la Universidad de Princeton debate criterios sobre las discapacidades y la eutanasia], *The New York Times,* 13 de octubre de 1999, p. B8.

10. Sir Charles Bell, *The Hand: Its Mechanism and*

Vital Endowments as Evincing Design [La Mano: su mecanismo y sus atributos vitales como diseño revelador], 4ª edición, William Pickering, Londres, 1834.

Capítulo 6

1. Kim Flodin, *Why I Don't March* [Por qué no marcho], *My Turn* [Es mi turno], *Newsweek,* 12 de febrero de 1990 p. 8.

Capítulo 7

1. Papa Juan Pablo II, *The Gospel of Life* [El evangelio de vida], *Evangelism Vital,* Random House, Nueva York, 1995, p. 70.

2. Virginia Ramey Mollenkott, «Reproductive Choice: Basic to Justice for Women» [La decisión para reproducirse: fundamental en la justicia para mujeres], *Christian Scholar's Review* 17 [Revista del Especialista Cristiano], Marzo 1988, p. 291.

3. El enojo, el sufrimiento, y un anhelo natural de ayudar a las víctimas de la violación y el incesto crean una sensación falsa de que el aborto puede auxiliar a las mujeres en semejantes circunstancias dolorosas. De hecho, el aborto en casos de violación e incesto es extremadamente dañino para las mujeres. El investigador David Reardon concluyó: «al igual que con otras "indicaciones psicológicas para el aborto", la evidencia muestra en realidad que la violación es una fuerte contraindicación del aborto», (David C. Reardon, *Aborted*

Women, Silent No More: [Mujeres que han abortado, no guarden más silencio], Loyola University Press, Chicago, 1997, p. 192.

La razón de esto queda clara cuando se entiende el trauma de la violación. Tal y como explica el Dr. Reardon: «Las víctimas de violación se sienten sucias, culpables, violadas sexualmente, con baja autoestima, enojadas, con miedo u odio hacia los hombres. Una mujer violada puede experimentar disfunción sexual, y posiblemente sienta que perdió el control de su vida. Ahora veamos los síntomas del aborto. La mujer se siente sucia, culpable, sexualmente violada, con baja autoestima, enojada, y con miedo u odio hacia los hombres. Posiblemente experimente disfunción sexual, y es posible que sienta que perdió el control de su vida. Todos los síntomas son iguales. Algunas mujeres han descrito que la experiencia del aborto se siente como una violación: una forma de violación quirúrgica. El aborto entonces es una "cura" que lo único que hace es agravar el problema» («*The Abortion Experience for victims of Rape and Incest*» [La experiencia del aborto para las víctimas de violación e incesto], *Association for Interdisciplinary Research Newsletter, 2, nº. 1, otoño 1988, pp. 4-6).

Las víctimas de incesto enfrentan el mismo dilema. Las personas, incómodas y nada dispuestas a atender las necesidades especiales de una mujer en esta situación, ofrecen el aborto como la única solución, enmascarando su propio malestar al tratar con el trauma. En última instancia, el aborto sirve a los intereses egoístas del perpetrador/familiar, principalmente, al destruir al niño no nacido, que es una evidencia tangible de sus acciones malvadas. Edith Young fue una víctima de violación e incesto cuando tenía 12 años de edad. Ella escribe: «Yo fui atacada sexualmente, amenazada por él y traicionada por el silencio de mi mamá... Se suponía que el aborto era lo "que más me convenía", pero no ha sido así... solamente salvó la reputación de ellos, solucionó sus problemas y les permitió que sus vidas continuaran alegremente» (*Aborted Women, Silent No More:* [Mujeres que han abortado, no guarden más silencio], p. 217). En 1990, un tribunal de Baltimore sentenció a un hombre a treinta años de prisión por haber violado a sus tres hijas a lo largo de nueve años. Durante el juicio se reveló que la violación continua a estas tres jóvenes dio por resultado ¡diez embarazos y diez abortos!

Cuánto mejor habría sido que el primer embarazo hubiera continuado. El padre incestuoso habría sido descubierto y habría sido enviado a la cárcel. La primera víctima habría sido protegida del continuo ataque sexual, y este se le habría evitado a sus hermanas. El daño de diez abortos habría sido prevenido, y la sangre de diez niños creados a la imagen de Dios no habría sido derramada. El aborto es para un hombre incestuoso lo que un coche es para un atracador de bancos: parte del plan de escape. El aborto nunca es lo que más le conviene a una mujer, ni tampoco una ayuda para su bienestar a largo plazo. Dios nunca nos pide que contravengamos sus Diez Mandamientos con el fin de estar ilesos y saludables.

4. Ethel Waters y Charles Samuels, *His Eye Is on the Sparrow* [Sus ojos están puestos en el gorrión], Greenwood, Westport, CT, 1978.

5. ¿Y qué del aborto para «salvar la vida» de la madre? Primero, debe señalarse que el aborto como solución prescrita por un médico para salvar la vida de una mujer se ha convertido en algo muy raro gracias a los avances de la medicina durante los últimos treinta años. El Dr. C. Everett Koop, anteriormente cirujano general de los Estados Unidos y destacado cirujano pediátrico, declaró: «En todo el tiempo que he ejercido, ni una sola vez se me ha presentado un caso en el que el aborto haya sido necesario para salvar la vida de una madre» (citado en el libro de Bill Hybel, *One Church's Answer to Abortion* [*Una respuesta de la iglesia a la interrogante del* aborto], Moody Press, Chicago, 1986, pp. 22-23. El Dr. Thomas Murphy Goodwin, catedrático de obstetricia y ginecología del Hospital de la Mujer de la Universidad del Sur de California, ha observado que muchos médicos están «prescribiendo» la decisión de abortar por razones de responsabilidad, no por el cuidado de la salud (consulta *Medicalizing Abortion Decisions*

[Prescribiendo la decisión del aborto], *First Thing* [Lo primero]*,* Marzo 1996). Aun así, podríamos reconocer el verdadero dilema de las condiciones médicas que se asocian con el riesgo de la mortalidad materna. En casos así, la santidad de la ética de la vida humana hace un llamado para que se dé el mejor tratamiento a ambos pacientes. Para obtener una mejor comprensión de esto, consulta Dr. J. C. Wilke, *The Life of the Mother; Is It Needed in Legislation*? [La vida de la madre; ¿se necesita para la legislación?] *Life Issues Connector*, Julio 2000. Visita www.lifeissues.org/connector/00jul.html.

6. Citado de Francis Schaeffer, *The Great Evangelical Disaster* [El gran desastre evangélico]*,* Kinsgway Publications, Eastbourne, Reino Unido, 1985, p. 51.

7. Eva Fogalman. *Conscience and Courage: Rescuers of Jews During the Holocaust* [Conciencia y valentía: rescatadores de judíos durante el Holocausto, Anchor Books, Nueva York, 1994, p. 70.

8. Corrie ten Boom, *The Hiding Place* [El refugio secreto] Bantam Books, Nueva York, 1974, p. 99.

9. Citado de Edward, el Duque de Windsor, *A King's Story: Memoirs of the Duke of Windsor* [Historia de un rey: memorias del duque de Windsor] G.P. Putnam's Sons, Nueva York, 1951.

Capítulo 8

1. George Grant, *Third Time Around: A History of the Pro-Life Movement from the First Century to the Present* [Tercera vez por aquí...], Wolgemuth & Hyatt, Brentwood, TN, 1991, p. 12.

2. Clayton Jefford, ed., *The Didache in Context, Essays on Its Test, History and Transmission* [La Didaché en contexto: Ensayos sobre su prueba, historia y transmisión,] E.J. Brill, Leiden, Holanda, 1995, 1.1; 2.2.

3. San Agustín, obispo de Hipona, *On Marriage and Concupiscence* [Sobre el matrimonio y la concupiscencia], 419-20 d.C., 1.17.15.

4. Susan B. Anthony, *The Revolution* [La revolución], Nueva York, 8 de julio de 1869, Vol. I, Nº. IV, p. 4.

5. *Aborted Women, Silent No More:* [Mujeres que han abortado, no guarden más silencio] p. 31.

6. *Frederica Mathewes*-Green, *Real Choices: Offering Practical, Life-Affirming Alternatives to Abortion* [Decisiones reales: ofrezcamos alternativas para el aborto, prácticas y afirmadoras-de-vidas], Multnomah Books, Sisters, OR, 1994, p. 248.

7. *Aborted Women, Silent No More:* [Mujeres que han abortado, no guarden más silencio], p. 11.

8. Íbid.

9. P. G. Ney, T. Fung, A. R. Wickett, y C. Beaman-Dodd, *The Effects of Pregnancy Loss on Women's Health*, [Los efectos de la pérdida del embarazo

en la salud de la mujer]; *Journal of Science and Medicine* [*Revista de Ciencias y Medicina*] 38 (1994), pp. 1193-1200.

10. *Aborted Women, Silent No More:* [Mujeres que han abortado, no guarden más silencio], p. 20.

11. Emperador Valentino, *The Code of Justinian* [El Código de Justiniano], 8.52.2.

12. *Third Time Around,* [Tercera vez por aquí], p. 21. *Sagae,* latín para «hechicera», es la caracterización de Grant para las mujeres que comerciaban con los temores de las mujeres embarazadas, vendiéndoles servicios de abortos.

13. Recuerda que hoy en día un hombre y una mujer pueden matar a su bebé mediante un aborto. Sin embargo, si el bebé no nacido muere en un accidente automovilístico ocasionado por un conductor ebrio, al conductor se le pueden presentar cargos por homicidio fetal.

14. *Third Time Around* [Tercera vez por aquí], p. 38.

15. Juan Calvino, *Calvin's Commentaries* [comentarios de Calvino] traducido por Charles Bingham, Baker Book House, Grand Rapids, 1981, 3:42.

16. Juan Calvino, en *The Sum of the Christian Life: The Denial of Ourselves* [El resumen de la vida cristiana: la negación de nosotros mismos], traducido por John T. McNeil, *The Institutes of the Christian Religion,* The Four-Volume Classroom Edition, Westminster Press, Filadelfia, 1962, p. 348.

17. *Third Time Around* [Tercera vez por aquí], p. 59.

18. Íbid., p. 53.

19. Vishal y Ruth Mangalwadi, *The Legacy of William Carey: A Model for the Transformation of a Culture* [El legado de William Carey: modelo para la transformación de una cultura], Crossway Books, Wheaton, 1993, pp. 17-25.

20. *The Third Time Around* [La tercera vez por aquí], p. 148.

21. *The Legacy of William Carey* [El legado de William Carey], p. 33.

22. Ruth Tucker, *From Jerusalem to Irian Jaya* [Desde Jerusalén hasta Irian Jaya], Zondervan Publishing House, Grand Rapids, MI, 1983, p. 240.

23. Elisabeth Elliot, *Amy Carmichael,* Zondervan Publishing House, Grand Rapids, 1983, p. 169.

24. *From Jerusalem to Irian Jaya* [Desde Jerusalén hasta Irian Jaya], p. 241.

25. Citado de Charles Colson, *Kingdom in Conflict* [Reino en conflicto]; William Morrow y Zondervan Publications, Grand Rapids, 1987, p. 101.

26. La historia de Norma McCorvey está disponible en video. Consulta *Reversing Roe: The Norma McCorvey Story.*

27. *Kingdom in Conflict* [Reino en conflicto], p. 102.

Capítulo 10

1. Papa Juan Pablo II, *The Gospel of Life* [El evangelio de vida], pp. 156-157.

2. Charles Swindoll, *The Sanctity of Life* [La santidad de la vida], Word Publishing, Dallas, TX, 1990, p. xiv.

ENFOQUE A LA FAMILIA

—∞—

¡Bienvenido a la familia!

Ya sea que este libro haya sido un regalo, te lo haya prestado un amigo, o lo hayas comprado, ¡nos alegra que lo hayas leído! Este es tan solo uno de los muchos recursos útiles, intuitivos, y motivadores que genera Focus on the Family [Enfoque a la Familia].

De hecho, de esto se trata Focus on the Family [Enfoque a la Familia]: de proporcionar información, y consejo bíblico a las personas en cualquier etapa de la vida.

Comenzó en 1977 con la visión de un hombre, el Dr. James Dobson, psicólogo profesional y autor de dieciséis éxitos de librería sobre el matrimonio, la paternidad y la familia. Alarmado por las presiones sociales, políticas y económicas que amenazaban la existencia de la familia estadounidense, el Dr. Dobson fundó Focus on the Family [Enfoque a la Familia], con un empleado —un asistente— y un programa de radio que transmitía una vez a la semana, en solamente 36 estaciones.

Habiéndose convertido en una organización internacional, Focus on the Family [Enfoque a la Familia] se dedica a preservar los valores judeo-cristianos y a fortalecer a la familia a través de más de setenta ministerios diferentes, incluyendo ocho programas de radio que se transmiten todos los días; anuncios de servicio público televisivo; diez publicaciones; y una serie regular de libros, películas y vídeos galardonados dirigidos a las personas de todas las edades e intereses.

Reconociendo las necesidades, así como el sacrificio y las contribuciones importantes realizadas por diversos grupos de educadores, médicos, abogados, personal de centros de embarazos en crisis, y padres solteros, Focus on the Family [Enfoque a la Familia] ofrece alcances específicos para sostener y ministrarles también a estas personas. Y todo esto se hace con un único y solo propósito: motivar y fortalecer a los individuos y a las familias por medio del mensaje de Jesucristo, que cambia las vidas.

Para mayor información acerca de este ministerio, o en caso de que podamos ser de ayuda para tu familia, no tienes más que escribir a Focus on the Family [Enfoque a la Familia], Colorado Springs, CO 80995, o llama al 1-800-A-FAMILY (1-800-232-6459). Nuestros amigos de Canadá pueden escribir a Focus on the Family [Enfoque a la Familia], P.O. Box 9800, Stn. Terminal, Vancouver, B.C. V6B 4G3, o llamar al 1-800-661-9800. Visita nuestro sitio en la red —www.family.org— para mayor información sobre Focus on the Family [Enfoque a la Familia] o para investigar si hay una oficina asociada en tu país.

¡Nos encantaría tener noticias tuyas!

<u>Notas</u>

Notas

Notas

<u>Notas</u>

<u>Notas</u>

Notas

<u>**Notas**</u>

Nos agradaría recibir noticias suyas.
Por favor, envíe sus comentarios sobre este libro
a la dirección que aparece a continuación

Vida@zondervan.com
www.editorialvida.com